JN109557

改訂版

完全攻略！
TOEFL iBT® テスト

神部 孝 著

＊本書は、『完全攻略！　TOEFL iBT®テスト』(2014年３月刊)の内容を見直し、
　改訂したものです。

はしがき

TOEFL iBT を受験する皆さんの目標は何ですか？
留学ですか？
大学院への進学ですか？
キャリアアップですか？

　2023年7月から、TOEFL iBTの試験時間は約2時間に短縮されました。しかし、最初のセクションのリーディングから最後のセクションのライティングまで一貫して、アカデミックな英語に耐えられる集中力が必要です。スピーキングとライティングの統合型問題では、「話す」「書く」力だけでなく、読解力と聞き取りの力が必要となります。新形式に対応した本書を活用して、1点でも高い得点を獲得し、将来への希望をかなえてください！

　それでは、本書の特徴を紹介しましょう。

■ 問題形式の詳細がわかる
　2023年の問題数および一部のテスト形式の変更を反映しつつ、各セクションの内容を丁寧に解説しています。最新のTOEFL iBTの全体像がイメージできるので、安心して受験できます。

■ 攻略法で学習のコツがつかめる
　各セクションの攻略法をまとめてあります。効率よく目標スコアを獲得するための学習が可能です。

■ 模擬試験で実力がわかる
　本番さながらの模擬試験を用意しました。音声を利用するセクションでは、音声ファイルに、解答を考えるための時間や解答用の時間も入れてあるので、一時停止せずに取り組むことができます。

■ 重要単語が覚えられる
　本書に登場した重要単語を音声と併せてチェックできます。頑張って覚えてください。

　皆さんの受験のお手伝いができることを感謝します。最後になりますが、編集を担当していただきましたアルクの皆さんに感謝いたします。

かんべ英語塾　神部　孝
米国イェール大学 MBA

目次

CONTENTS

📝 本書の学習の進め方

　本書は大きく分けて「テストの概要」「サンプル問題」「攻略法」そして「模擬試験」で構成されています。最初にテストの概要を理解し、サンプル問題で出題傾向を把握し、攻略法をひととおり確認してから、模擬試験に取り組みましょう。テストの直前には、攻略法の再チェックをお勧めします。

　効率よく力をつけるために、次のような流れで本書を活用してください。

① 試験の概要をつかむ

　まず、TOEFL iBTの概要を把握しましょう。試験全体の流れや、セクションごとの構成、受験計画の立て方などがわかります。

② 各セクションの概要を確認し、サンプル問題を解く

　4つのセクションの概要とサンプル問題があります。それぞれのサンプル問題を解き、実際の試験問題をイメージしてください。

③ 攻略法をつかむ

　スコアアップのカギとなるセクション別の攻略法を読んで理解しましょう。まずは苦手なセクションだけ読むのでも構いません。この章（Chapter 3）は模擬試験の答え合わせの後にも読み返し、弱点を克服していきましょう。

④ 模擬試験に挑戦

　TOEFL iBTと同じ問題数と形式の模擬試験を解いてみましょう。試験の前に、筆記用具とメモ用紙（A4用紙3枚）、時計を準備してください。メモ用紙の使い方はp. 27を参考にしてください。

　また、スピーキング・セクション用に録音機材（ICレコーダーなど）を準備するとよいでしょう。ライティングはパソコンの使用をお勧めしますが、ノートなどに書いても構いません。

5 解答と解説で実力をチェック

　模擬試験を終えたら必ず答え合わせをし、解説を読んでください。解答と解説には書き込みをしても構いませんので、まちがえた原因や自分の弱点を見極め、今後の学習に生かしましょう。

> **！ 注意**
> 　模擬試験を解いてから、解答と解説を読むようにしてください。

6 重要語句を確実に覚える

　攻略法や模試の復習と並行して、Chapter 6の「重要語句150」の学習をしましょう。音声を聞きながら、正しい音とともに覚えるようにしてください。

7 本試験直前に攻略法を見直す

　本試験が間近に迫ったら、Chapter 3「iBT攻略法28」を見直し、苦手なセクションの対策を重点的に行いましょう。Chapter 6「重要語句150」を再確認するのもよいでしょう。

音声のダウンロードについて

　本書の学習に使用する音声は、スマートフォンやパソコンに無料でダウンロードできます。

スマートフォンでダウンロードする場合

　学習用アプリ「booco」をインストールの上、ホーム画面下「さがす」の検索窓に本書の商品コード「7023046」を入力して検索し、音声をダウンロードしてください。

▶「英語学習アプリbooco」について
https://booco.page.link/4zHd

パソコンでダウンロードする場合

　下記のウェブサイトにアクセスの上、商品コード「7023046」で検索し、音声ファイル（MP3形式。zip圧縮済み）をダウンロードしてください。

▶アルク「ダウンロードセンター」
https://portal-dlc.alc.co.jp/

※アプリ「booco」および「ダウンロードセンター」のサービス内容は、予告なく変更する場合があります。あらかじめご了承ください。

本書では、音声を使用する箇所に次のようなマークを掲載しています。

🔊)) MP3 **01**　音声ファイル01に対応していることを表します。

Chapter 1

テストについて知ろう

TOEFL iBTとは

テストを受ける前に概要を知っておきたいもの。構成や時間配分、受験時の注意点などを説明します。

テストの概要

1 TOEFL は受験者のアカデミックな英語能力を測る試験です。

2 iBT は、Internet-Based Testing（インターネットで行うテスト）の略称です。パソコン画面に表示される問題に解答する形式です。

3 会場受験と自宅受験のどちらかを選ぶことができます。会場受験であっても、受験者全員が一斉に開始・終了するテストではなく、着席後、開始のタイミングは各受験者によって異なります。

4 テストはリーディング、リスニング、スピーキング、ライティングの 4 つのセクションで構成されています。スピーキングとライティングには、リスニングやリーディングをした後でその内容を踏まえて解答する統合型問題もあります。

5 リーディングとリスニングの解答は選択式です。選択肢や文中の語などをマウスでクリック（またはドラッグ）して解答します。

6 スピーキングでは質問に対し、口頭で解答します。解答は録音されます。

7 ライティングでは解答をパソコンでタイピング入力します。

8 アメリカの非営利教育団体 ETS（Educational Testing Service）が問題を作成し、日本では ETS Japan が運営しています。受験申し込みはインターネットで行います。

テストの構成

TOEFL iBTの構成は次のとおりです。各セクションの素点の合計が30点満点に換算されます。合計の最高は120点です。

	最低点	最高点	問題数	所要時間
①リーディング	0点	30点	20問	約36分
②リスニング	0点	30点	28問	約36分
③スピーキング	0点	30点	4問	約16分
④ライティング	0点	30点	2問	約35分

※所要時間は、受験時に画面に表示される制限時間などに基づき算出しています。技能統合型問題で読んだり聞いたりする時間も加算しています。

iBTとITPのスコアの比較

留学の際、各教育機関で求められるiBTと、学校やその他の教育機関で行われる団体向けペーパーテストのITPのスコアの比較は、およそ下のようになります。TOEFL ITPを受験したことがある方は参考にしてみてください。

★合計スコア

iBT	ITP	教育機関の種類
120	677	
105	620	
100	600	難関大学、大学院
93	580	やや難関の大学
88	570	
80	550	一般的な4年制大学
68	520	
61	500	コミュニティーカレッジなどの2年制大学
45	450	
32	400	
0-8	310	

☆リーディング・セクション

iBT	ITP	教育機関の種類
30	67	
26	60	難関大学、大学院
20	55	一般的な4年制大学
11	45	
8	40	
0	31	

☆リスニング・セクション

iBT	ITP	教育機関の種類
30	68	
26	60	難関大学、大学院
21	55	一般的な4年制大学
10	45	
5	40	
0	31	

※ETS公表のスコアに幅がある場合は、iBTでは高いほうのスコアを記載しています。
※入学のための競争が激しい学校や、高い英語能力が必要とされる専攻分野などでは、要求スコアが上記の目安よりも高めに設定されている場合があります。
※ITPにはスピーキング・セクションとライティング・セクションはありません。

受験の申込手順

1　Information Bulletin（受験要綱）を入手する

　Bulletin は ETS の公式ウェブサイトや ETS Japan の案内サイト（URL はこのページ下部の囲み内参照）から、PDF ファイル形式でダウンロードできます。Bulletin には、受験手続きから教材の購入方法まで、TOEFL に関する諸注意が詳しく記載されています。ほとんどの情報は英語で書かれているため、全部を読みこなすのは大変ですが、TOEFL iBT 受験の第一歩と考えて挑戦してみましょう。

2　ETS の公式ウェブサイトでアカウントを作成する

　TOEFL iBT を受験可能な会場は全国にあります。受験の予約には ETS の公式ウェブサイトでのアカウント作成が必要です。下記のウェブサイトに案内があります。アカウント作成時には、指定されている有効な身分証明書（パスポートなど）を準備してください。

3　オンラインで申し込む

　公式ウェブサイトからオンラインで申し込めます。申し込み時には、身分証明書や支払い情報などを求められますので、あらかじめ受験要綱の Bulletin をよく読んでから行ってください。

 受験申込（会場受験）の詳細
　　ETS Japan の下記サイトを参照してください。Information Bulletin もここからダウンロード可能です。
　　https://www.toefl-ibt.jp/test_takers/toefl_ibt/register.html
　　※自宅受験については、本書 p. 18 で説明しています。

TOEFL iBTの特徴

● リーディングから始まるので、リスニングで得点しやすい

　iBTはリーディング・セクションから始まります。序盤から英語をたくさん読み、頭が英語モードになっていますから、続くリスニング・セクションでは英語を認識しやすくなります。よって、リスニング・セクションで得点がしやすくなります。

● メモを取ることが可能

　すべてのセクションでメモを取ることができます。メモを取る際のコツはp. 27のコラムやChapter 3の攻略法で紹介していますので、それらを参考にして練習してください。

● 体力勝負の試験である

　学校などの教育機関で受験するTOEFL ITPは3つのセクションで構成されたテストであるのに対し、iBTには4つのセクションがあり、「話す」「書く」力も試されます。iBT受験は体力勝負とも言えます。体調管理に努め、本番で集中力を発揮できるよう準備してください。

● 技能を組み合わせて解答する「統合型問題」がある

　技能統合型問題(Integrated Task)は、「読んで、聞いて、話す(書く)」あるいは「聞いて、話す」といった、英語の各技能を組み合わせて解く問題です。複合的な英語力が試され、かなり難しいトピックも出題されます。本書で弱点を見つけ、足りないスキルを補強しましょう。

受験計画

　TOEFLで目標スコアを獲得するには、綿密な受験計画が必要です。iBTは留学のために受けるテストですから、スコアが伸びたからといって「力が上がってよかった!」と満足してはいけません。志望する大学が最低限要求するスコア(minimum score requirement)をクリアして初めて意義を持つテストなのです。

　多くの日本人受験者にとって難易度の高いTOEFL iBTで目標スコアを獲得するには、強い意志と決意が必要です。強い意志を持ち続けることができた人だけが合格し、留学できるのです。そのためにも、ぜひ適切な受験計画を立ててください。

● **出願校の決定**

　最初にすべきことは、学校の選択です。どの学校で何を学ぶかを明確にしましょう。下のような表をつくり、志望校とTOEFLの目標スコアを書き込んでください。

　入学に必要なスコアは、通常は、大学のホームページのAdmission Policy（入学受け入れ方針）欄の、International Student（外国人学生）の項目にRequirement（要求）として書いてあります。

	学校名と専攻	必要なiBTスコア	備考 （ほかに必要な試験など）
第1志望			
第2志望			

● **スケジューリング**

　皆さんは、どのくらいの期間で出願までこぎ着けたいですか。例えば、9月の時点で60点レベルの人が、10月までに80点を取りたいというのは厳しい話です。現実的なスケジュールを立てるべく、勉強開始から出願までの計画を作成しましょう。

　ここでは、一般的なスケジュールを立ててみました。スタート時点の皆さんのスコアを60点とし、目標スコアを80点強としています。

〈出願までのスケジュール例〉

	4～6月	7月	8月	9月	10月～
学習内容と目標	・語彙力増強とリーディング力の向上 ・ディクテーション練習開始	・ライティング、スピーキング学習へのシフト ・長文の聞き取り練習	・リーディングで22点以上獲得 ・リスニングで22点以上獲得	・ほかの試験の受験準備 ・リスニング力の維持	・TOEFLのスコアを落とさないようにする ・出願準備と推薦状依頼
スコア	60点	70点	80点前後	80点強	

　4月から受験勉強を始めておおむね8月には80点を達成できるように勉強しましょう。そして、8月に受験したテストのスコアが出る前に、もう一度9月に受験するとよいでしょう。

　SAT、GREやGMATなど、ほかの適性能力試験のスコア提出が必要な人は、9月ごろから受験するとよいでしょう。そうすれば、翌年の1月には出願できるはずです。ちなみに私は語彙力とリスニング力の増強に力を注ぎ、70点レベル（TOEFL PBT 530点）から3カ月で100点（TOEFL PBT 600点）を超えました。とても大変でした。

● **現在の実力を把握する**

TOEFLは総合的な英語力を測る試験です。これまでそうした試験を受けたことがない人は、今の自分の実力がよくわからないかもしれません。以下は、私がこれまで生徒を見てきた経験から導き出した英検やTOEICスコアとの相関です。

TOEIC 600点レベル ……… TOEFL iBT 60点前後
TOEIC 800点レベル ……… TOEFL iBT 70点超
英検準1級レベル ………… TOEFL iBT 65点前後

iBTでは、スピーキングとライティングのセクションがあるため、必ずしもこのスコア換算が正しいわけではありませんが、目安にはなるでしょう。

スコアアップに向けて

目標スコアを達成するには、セクション別にどの程度のスコアを取らなければならないか、自分の能力に合わせた得点パターンを考えることが重要です。ここでは、アメリカの大学・大学院で要求されるTOEFLスコアを基に、目標スコアをどのようにクリアするかを考えてみます。2つのケースを見ていきましょう。

1 一般的な大学の入学基準スコア

入学基準スコアを80点とした場合、以下のような配分で得点することを目標としてください。

リーディング・セクション	22点
リスニング・セクション	21点
スピーキング・セクション	17点
ライティング・セクション	20点
合計スコア	80点

統合型問題を含むスピーキング・セクションやライティング・セクションのスコアが低くなる可能性を加味し、リーディング・セクションでは最低22点を取ることを目標にしましょう。リスニング・セクションでも21点を目指しましょう。

スピーキング・セクションの目標スコアは17点（各設問の素点の平均が2点と3点の中間）です。そして、ライティング・セクションでは20点（1問目の統合型問題で3点、2問目のアカデミック・ディスカッションで4点程度）が目標となります。

難関大学では入学基準スコアはやや高くなり、93点以上がひとつの目安となります。まずは、93点を取るための得点パターンを見てみましょう。

リーディング・セクション	25点
リスニング・セクション	24点
スピーキング・セクション	20点
ライティング・セクション	24点
合計スコア	93点

続いて多くの大学院で求められる100点を目指す場合の得点パターンです。

リーディング・セクション	28点
リスニング・セクション	27点
スピーキング・セクション	20点
ライティング・セクション	25点
合計スコア	100点

いずれの場合にも、スピーキング・セクションのスコアが4つのセクションの中でいちばん低くなると想定しています。

まずは、目標とする出願先の必要スコアを調べましょう。中には、出願要件を満たす合計スコアが80点だとしても、すべてのセクションで20点以上を要求する学校もあります。あらかじめ出願先に問い合わせて確認してください。

MyBest® Scoresについて

スコアレポートでは、スコア表示の横に、過去2年間のセクション別の最高得点(MyBest® Scores)が表示されます(下は私の実際のスコアレポートの概略です)。

November 02, 2019 Test Date Scores		MyBest® Scores	
Total Score **104**	Reading: 28	**Sum of Highest** **Section Scores** **110**	Reading: 30
	Listening: 28		Listening: 29
	Speaking: 23		Speaking: 23
	Writing: 25		Writing: 28

1回分の受験スコアとMyBest® Scoresがこんなにちがうのですね。皆さんの応募する大学がMyBest® Scoresの提出を受け入れている場合には、比較的短期間に目標スコアを達成できるかもしれません。出願大学に確認しましょう。

スコア向上のために

　統合型問題の含まれる iBT では、リーディングとリスニングの力がすべての基礎となります。リーディング・セクションのスコアが向上すると、その他のセクションのスコアも安定してきます。以下に、スコア向上のヒントを挙げます。

1 「読む」「聞く」力の向上

①語彙力をつける

　読めるようになるためには高い語彙力を身につける必要があります。iBT 攻略のためだけでなく、大学の授業で読むアカデミックな資料や論文を理解するためにも、語彙力の向上を目指しましょう。

②幅広い内容を理解する姿勢を持つ

　リスニング力の向上は、リーディング力に比べて時間がかかります。毎日継続的に英語のニュースや番組に触れるようにしましょう。また、iBT に登場する会話や講義は、大学での授業を想定しています。ですから、心理学から天文学まで、幅広い内容を理解する力を養いましょう。

2 「書く」「話す」力の向上

①タイピング能力と自分の考えをまとめる力を増強する

　ライティング・セクションの2つ目の設問は、アカデミック・ディスカッションです。教授の質問に対して、2人のクラスメートの意見を参考にしながら、オンラインの掲示板に自分の意見を書き込みます。ここで確実に得点できるように訓練してください。

　ある程度文法が正確で語法にも多様性があることが肝心です。また、語数が指定されており、タイプミスなどの減点対象項目もありますから、速く、正確なタイピングを身につけましょう。

②話す訓練をする

　スピーキングは、日本人受験者にとってスコア獲得が最も難しいセクションです。まず、会話や講義のリスニングなどがない独立型問題を攻略することから始めましょう。

TOEFL iBT® Home Edition について

　自宅受験版の TOEFL iBT® テストが提供されています。Home Edition の受験に
あたっては、スコアを採用している大学・機関や、使用機器・受験環境の要件をし
っかりと確認しましょう。

＊詳しい内容は以下のウェブサイトをご確認ください。
　https://www.toefl-ibt.jp/test_takers/at-home/

問題形式を知ろう

セクションの概要とサンプル問題

iBTテストは4つのセクションに分かれています。各セクションの概要とサンプル問題を確認しましょう。

リーディング・セクションの概要

まず、リーディング・セクションについて説明します。
全体の流れと問題の種類を確認しておきましょう。

リーディング・セクションの概要

1 700語程度のパッセージを２つ読み、設問に答えます。１パッセージにつき、10問の設問があります。

2 基本は４択問題。

3 複数の選択肢を選ぶ問題も出題されます。

4 リーディング・セクション内は、自由に前の設問に戻ることができます。

5 解答時間は約36分。パッセージを読む時間も制限時間に含まれます。

6 配点は基本的に１問につき１点ですが、各パッセージ最後の設問は、複数の選択肢を選ぶ「要約問題」で、通常、２点が加算されます。

7 出題範囲は人文科学、自然科学、社会科学など、多岐にわたります。英語のレベルはアメリカの大学の教科書と同等です。客観的・学術的な内容が出題されます。

8 素点は30点満点に換算されます。公式の換算式は非公開です。目安として、正答率を基準にするとよいでしょう。

PC画面での受験手順　※実際のテスト画面とは異なります。

● パッセージを確認

　英文が表示されます。設問を解く際には、各設問画面の左側に必ずパッセージが表示され※、また、設問の順序は基本的にパッセージの流れと一致しています。従って、この段階でパッセージを読む必要はありません。**Next**のボタンをクリックして、次に進みましょう。

※最後の設問を除く。

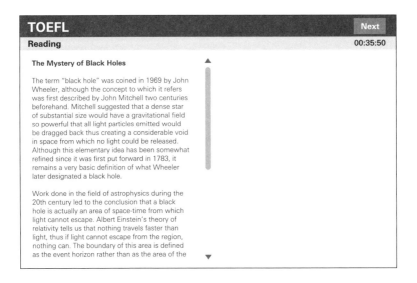

● 4択問題

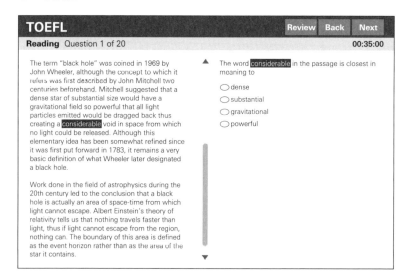

　4つの選択肢から最も適切なものを選びます。画面左にパッセージ（の出題箇所）、右に設問と選択肢が表示されます。解答するときは、選択肢横のボタンをクリックします。次の設問に進むときは **Next** を、前の設問に戻るときは **Back** をクリックします。

　4択問題には、次のような設問が含まれます。

◆類義語の選択

　パッセージ中でハイライトされた語句の類義語を選びます。

◆パラグラフ内容の確認

　指定されたパラグラフで筆者が伝えようとしていることを選びます。

◆適切な言い換え文の選択

　文中でハイライトされた文の内容を正しく表している選択肢を選びます。

● 文挿入問題

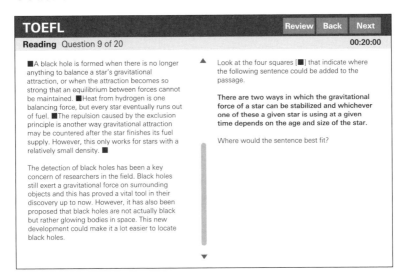

　パッセージの適切な場所に１文を挿入します。画面左に■が入ったパッセージが、右に設問が表示されます。解答するときは、文を入れたい箇所の■をクリックすると、そこに文が挿入されます。別の■をクリックすると、挿入箇所を変更することができます。次の設問に進むときは **Next** を、前の設問に戻るときは **Back** をクリックします。

　各パッセージの最後の設問の１つ手前で出題されます。

● パッセージ要約問題

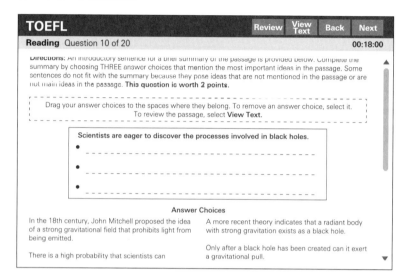

Directions: An introductory sentence for a brief summary of the passage is provided below. Complete the summary by choosing THREE answer choices that mention the most important ideas in the passage. Some sentences do not fit with the summary because they pose ideas that are not mentioned in the passage or are not main ideas in the passage. **This question is worth 2 points.**

Drag your answer choices to the spaces where they belong. To remove an answer choice, select it. To review the passage, select **View Text**.

Scientists are eager to discover the processes involved in black holes.

- _____
- _____
- _____

Answer Choices

In the 18th century, John Mitchell proposed the idea of a strong gravitational field that prohibits light from being emitted.

There is a high probability that scientists can

A more recent theory indicates that a radiant body with strong gravitation exists as a black hole.

Only after a black hole has been created can it exert a gravitational pull.

　各パッセージの最後に登場する問題です。6つの選択肢から適切な解答を3つ選び、指定のスペースにドラッグ＆ドロップで移動させます。解答を入れまちがえたときは、解答欄にドラッグした選択肢を一度クリックすると、その選択肢は選択肢群に戻ります。あらためて別の選択肢をドラッグすることで解答を変更できます。

　このタイプの問題は画面に設問だけが表示されるので、パッセージを見たい場合は **View Text** をクリックします。

では、リーディング・セクションで出題される英文の難易度と設問の例を確認してください。英文は実際のテストよりも短くしてあります。

(リーディング・セクションのサンプル問題)

まず、次のようなパッセージを読みます。

※1~4のようなパラグラフ番号は、実際のテスト画面では表示されません。

The Mystery of Black Holes

1 The term "black hole" was coined in 1969 by John Wheeler, although the concept to which it refers was first described by John Mitchell two centuries beforehand. Mitchell suggested that a dense star of substantial size would have a gravitational field so powerful that all light particles emitted would be dragged back thus creating a considerable void in space from which no light could be released. Although this elementary idea has been somewhat refined since it was first put forward in 1783, it remains a very basic definition of what Wheeler later designated a black hole.

2 Work done in the field of astrophysics during the 20th century led to the conclusion that a black hole is actually an area of space-time from which light cannot escape. Albert Einstein's theory of relativity tells us that nothing travels faster than light, thus if light cannot escape from the region, nothing can. The boundary of this area is defined as the event horizon rather than as the area of the star it contains.

3 A black hole is formed when there is no longer anything to balance a star's gravitational attraction, or when the attraction becomes so strong that an equilibrium between forces cannot be maintained. Heat from hydrogen is one balancing force, but every star eventually runs out of fuel. The repulsion caused by the exclusion principle is another way gravitational attraction may be countered after the star finishes its fuel supply. However, this only works for stars with a relatively small density.

④ The detection of black holes has been a key concern of researchers in the field. Black holes still exert a gravitational force on surrounding objects and this has proved a vital tool in their discovery up to now. However, it has also been proposed that black holes are not actually black but rather glowing bodies in space. This new development could make it a lot easier to locate black holes.

次に設問に答えます。

（設問）

The word **considerable** in the passage is closest in meaning to

   (A) dense

   (B) substantial

   (C) gravitational

   (D) powerful

［正解：B］

● 設問の解説は「iBT攻略法28」(p. 68)にあります。
● サンプル問題の訳はp. 54にあります。

" 私が実践しているメモの活用法 "

TOEFL iBTでは、すべてのセクションでメモを取ることが可能です。試験会場の入り口で、レターサイズ（A4に近い大きさ）のメモ用紙3枚と鉛筆が渡されます。本書のChapter 3でもメモの取り方を説明していますが、ここでは、私が実際に行っているメモの取り方をより具体的にご紹介しましょう。

● リーディング・セクションでのメモ用紙の使い方

まず罫線を引いて下のような表をつくります。実際の試験では、選択肢にA、B、C、Dといった記号は振られておらず、各選択肢の左端がラジオボタンの〇になっていますが、メモの際はわかりやすいよう、A、B、C、Dを振ります。最後の問題を除けば4択ですから、A、B、C、Dを使うのがよいでしょう。

	Q1	Q2	Q3	Q4	Q5	Q6	Q7	Q8	Q9	Q10
A	△	△	△△	×	？×	△	△△	？△	×	
B	×	？×		△	？△	×	×			
C	×	△△△	△	？×	？×	×	×	×	×	
D	△△	×	△	×	×	×	？×	△×	△	

この表を使い、選択肢のよしあしを比べます。とはいえ、速読をしながら解答しなければなりませんから、完全に合っているかどうかを判断するのは困難です。私は「△＝合っているだろう」、「？＝わからない。判断できない」、「×＝ちがう」のマークを使っています。

上の表では、△と？のうち、2回目の比較で行った判断を色文字にしてあります。では、選択肢を絞り込んでいく際の考え方を説明しましょう。

Q1の場合：AとDに絞り、比較する

1回目の判断では、AとDが両方とも正しいかもしれないと思いました。今度は、AとDだけを比べます。Dのほうが正解に近いと考え、「△」をもう1つつけ加えました（表の赤い△）。ここで、Dに相当する画面上の選択肢をクリックします。

Q2の場合：AとBとCを比べる

Bは最初はよくわからなかったので「？」としました。よくわからないものを除外して、AとCだけを比べるのは危険です。A、B、Cの3つを比べた結果、Bの「？」は「×」になり、上の表で赤い△のついたCを正解と判断しました。

Q5の場合：質問文をもう一度読む

　問いの意味を取りちがえている可能性もあります。質問文を読み直して、チェックをしました（表の赤い△）。その結果、Bを正解と判断しました。

注意点１：丸（○）はつけない

　丸をつけた段階で、比較する気持ちが失われるので、「○」はつけません。

注意点２：クリックはそれぞれの選択肢を比べてからにする

　すべての選択肢を確認するまでクリックはしません。メモ用紙の結果を見てからクリックします。

「パッセージ要約問題」のメモの仕方

　最後の問題は４択ではありませんが、基本は同じです。例えば下のように記入します。

A	×		D	×
B	△		E	△
C	? ×		F	? △

　最初にBとEが選択されました。２回目に「?」のCとFを比べてFにしました。この３つの選択肢B、E、Fを解答欄にドラッグします。

■リスニング・セクションでのメモ用紙の使い方

　基本的にリーディングと同じです。ただしリスニングでは、会話と講義・討論の設問数と順序が、ほぼ次のように決まっています。全体が２つのパートに分かれており、１つ目のパートはQ１〜Q11、２つ目のパートはQ１〜Q17です。

　　会話：Q１〜Q５　→　講義・討論：Q６〜Q11　（→　講義・討論：Q12〜Q17）

　Q５やQ11の解答をチェックするときに、次の講義・討論のメモを取れるように準備しておくことが大事です。リスニングでのメモの取り方は本書のp.77以降で説明していますので、参考にしてください。

■スピーキング・セクションでのメモ用紙の使い方

　メモ用紙は、必要に応じて使えばよいでしょう。Q1では設問のキーワードを略語でメモし、Q2以降では、会話や講義のキーワードや要旨を書き留めます。メモの取り方はリスニング・セクションと同じです。

■ライティング・セクションでのメモ用紙の使い方

　Q1の統合型問題では、「反論タイプ」(p. 105参照)の形式がよく出題され、多くの場合、3つのポイントが反論の対象になります。

　例えば、リーディング用のパッセージに「ビッグ・データはこれからのマーケティング・ツールとして非常に便利だ」という内容があるとします。以下がそのポイントです。

　①ビッグ・データはコストが安い(low cost)
　②ビッグ・データは個人情報が漏えいする危険性がない(safe)
　③ビッグ・データからもたらされる指向性がマーケティングに役立つ(trend)

　メモ用紙に間隔を空けて、①、②、③のポイントを書きます(図1)。

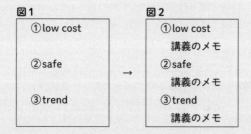

　それぞれの論点に対し反論する講義が行われる可能性が高いので、その内容をしっかりメモしましょう(図2)。メモが取れたら、それを基にライティングに取りかかってください。

　Q2のアカデミック・ディスカッションでは、クラスメートの投稿からポイントとなる部分を抜き出しておき、それを見ながら自分の意見を組み立てましょう。

リスニング・セクションの概要

このセクションでは、英語音声の内容を理解する力が試されます。自分の弱点を克服できるよう、日頃から聞き取りの練習を重ねておきましょう。

❚ リスニング・セクションの概要

1 ヘッドホン（マイクつき）を装着して受験します。２つの会話と３つの講義・討論を聞き、設問に答えます。会話には５問、講義・討論には６問の設問があり、計28問で30点満点です。

実際のテストでは、以下の２つのパートに分かれています。

①会話＋講義・討論　解答時間は６分30秒

②会話＋講義・討論＋講義・討論　解答時間は10分

※上記の計５つの会話および講義・討論は、すべて独立した内容で、相互の関連性はありません。
　①と②は続けて出題されます。

2 基本は４択問題。

3 試験時間は約36分。

4 音声を聞く時間は、会話は３分程度、講義・討論は４〜５分程度。合計すると、それらを聞き取る時間だけで20分程度あります。音声は一度しか流れません。

5 すべての問題でメモを取ることが可能です。

6 会話は、学生同士や教授と学生の会話など、キャンパスライフをテーマにしたものが多く出題されます。口語表現やアメリカの大学生活に出てくる用語の知識を身につけておく必要があります。

7 講義では、文系理系を問わず、幅広い学術的内容が話されます。論理展開はつかみやすいので、ポイントを押さえたメモを取る訓練をしてください。

8 講義の後にそれに関する討論が続いていることが多く、教授と学生の質疑応答、学生同士の意見交換などが行われます。論点の移り変わりに注意して聞きましょう。

PC画面での受験手順 ※実際のテスト画面とは異なります。

● 会話や講義などを聞く

　セクション開始時に、ヘッドホン（マイクつき）を装着するよう指示されます。セクションのDirections（指示事項）が画面に表示され、その音声も流れます。

　会話や講義・討論が流れている間、その光景の写真や、講義の資料・キーワードなどが表示されます。全体のどのあたりを聞いているのかは、画像の下のインジケーターでわかります。

　音声は一度しか流れません。また、リーディング・セクションとは異なり、前の設問に戻ることはできません。

● 4択問題

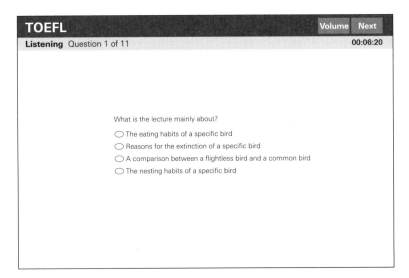

　質問に対し、4つの選択肢から最も適切なものを選びます。質問文のみ、音声でも流れます。各選択肢については音声は流れません。解答するときは、選択肢の横のボタンをクリックします。別のボタンをクリックすると、解答が変更できます。**Next**をクリックすると、次の設問に移行します。

　最初の設問以降は、画面にパートごとの解答の制限時間（残り時間のカウントダウン）が表示されます。

　なお、4つの選択肢から1つを選ぶ問題が大半ですが、中には複数の選択肢を選ぶものもあるので、指示をよく見ましょう。このほか、各選択肢を、画面に示されたカテゴリーに分類する問題も出題されることがあります。

それでは、実際にどういった内容の問題が出題されるのか確認しましょう。ここで聞くのは、講義形式の問題です。なお、聞く音声は、実際の試験よりも短くしてあります。

※音声ファイルには、解答のための時間が含まれています。「ポン」というビープ音に続く無音の時間に解答してください。なお、実際の試験のリスニング・セクションにはビープ音はありません。

(# リスニング・セクションのサンプル問題)

まず、音声を聞きます。

のマークは、その部分の英語が音声で流れることを表します。　　　　　　　 MP3 **01**

Listen to part of a lecture in an ornithology class.

The dodo is a common name for a large flightless bird once found on the island of Mauritius in the Indian Ocean. The dodo was about as big as a turkey and possessed a large, hooked bill and yellow legs. These features made it quite an unmistakable bird. Dutch colonizers were the first to record the dodo in 1598 and less than a century later it became extinct.

The dodo's rapid fall into extinction is startling and was probably caused by the importation of domestic animals to the island. However, the fact that the bird was slow, flightless and laid only one egg at a time undoubtedly contributed to its demise. The name actually comes from the Portuguese word for silly or stupid and that is how the colonizers regarded the birds.

The dodos laid eggs in ground nests and were unable to protect them against the many domestic animals that had escaped into the wild. The fact that they could not fly prevented them from using tree nests where eggs could have been safe from the animals.

次に設問に答えます。画面には質問文と選択肢が表示され、質問文のみ音声でも流れます。

（設問）

🔊 **What is the lecture mainly about?**

  (A) The eating habits of a specific bird

  (B) Reasons for the extinction of a specific bird

  (C) A comparison between a flightless bird and a common bird

  (D) The nesting habits of a specific bird

［正解：B］

▶ 設問の解説は「iBT攻略法28」(p. 80)にあります。

▶ サンプル問題の訳はp. 55にあります。

" 集中力を高め、論理性を意識する "

● 集中力の維持が難しければ、音量を上げる

リスニング・セクションは、エネルギー消費の多いリーディング・セクションの後に続きます。疲れているため、集中力の維持が難しいかもしれません。会話や講義・討論の様子の写真の下に表示されるインジケーターを見て、残り時間を確認し、集中力を高めましょう。また、試験会場によっては早く試験を開始した受験者がスピーキング・セクションに取りかかっている可能性があります。ほかの受験者のスピーチが聞こえてきて集中力が途切れそうになったら、すぐに音量を上げ、気持ちを切り替えて集中力を取り戻しましょう。

● 早めに試験会場に行く

なるべく早く試験会場に行き、集中できる環境を自分でつくり出すことが大切です。自分がリスニング・セクションに取り組んでいる途中でほかの受験者がスピーキング・セクションに入るという状況に陥らないよう、長い会話や講義・討論を聞くことを考慮して備えましょう。

● 常に論理性を意識する

スピーキング・セクションの統合型問題では、リーディングやリスニングの力も試されることになります。15〜30秒という短い時間で構成をまとめ、まとまった分量の英語を話さなければならない、非常に難易度が高い問題と言えるでしょう。要求されているのは、流れがあり、設問に正面から正確に答えていて、かつ、首尾一貫した論理性を持つスピーチです。

ネイティブ並みの解答が満点として考えられているため、スコアはかなり厳しくつけられます。苦手なトピックが出題されたり、リーディング用のパッセージを理解できなかったり、会話・講義などを聞き逃したりした場合には、低いスコアとなる可能性が高いので、普段からの練習が肝心です。

スピーキング・セクションの概要

おそらく多くの皆さんにとって最難関のセクションでしょう。
日頃からスピーチの練習を行うなど、事前の準備が求められます。

スピーキング・セクションの概要

1 マイクのついたヘッドホンを着けて受験します。パソコンの画面を見ながら、口頭で解答します。独立型問題が1問、統合型問題が3問、合計で4つの設問が出題されます。

2 出題形式は次の2種類あります。
   a) 独立型問題(Independent Task)
   ・設問に対する自分の考えを、理由も含めて答える問題です。賛成か反対か、あるいは、2つのうち自分ならどちらを選ぶかを問う問題で、Question 1がこれに当たります。スピーキングだけ行います。
   b) 統合型問題(Integrated Tasks)
   ・前もって読んだり聞いたりしたものの内容について答える問題です。Question 2〜4がこれに当たります。
   ・Question 2と3(リーディング+リスニング+スピーキング)では、パッセージを読み、それに関連した講義か会話を聞いてから、質問に口頭で解答します。
   ・Question 4(リスニング+スピーキング)では、講義を聞き、質問に口頭で解答します。

3 試験時間は約16分。時間配分は設問別に次のようになります。

		読む時間	聞く時間	準備時間	解答時間
Question 1	独立型	—	—	15秒	45秒
Question 2, 3	統合型	45〜50秒	60〜90秒	30秒	60秒
Question 4	統合型	—	90〜120秒	20秒	60秒

4 各問4点満点。全4問の平均点が30点満点に換算されます。

5 話し方、話題の展開、言語運用力などが評価されます。

6 すべての設問でメモを取ることができます。

7 解答時にパッセージを読み返すことはできません。

PC画面での受験手順 ※実際のテスト画面とは異なります。

独立型問題 （Independent Task）

独立型問題のQuestion 1では、「あなたはどう考えますか」「賛成ですか、反対ですか」といった質問が提示され、理由も問われます。次のような流れになっています。

① セクション開始時にマイクつきのヘッドホンを装着するよう指示されます。
   Question 4が終了するまでマイクを外さず、口元に近づけておいてください。
② セクションのDirections（指示事項）が画面に表示され、その音声も流れます。
③ 続いて画面に設問が表示され、それから15秒の準備時間と45秒の解答時間が表
   示されます。準備の指示とビープ音が聞こえたら、話す内容を考えます。画面
   に残りの秒数が表示されます。

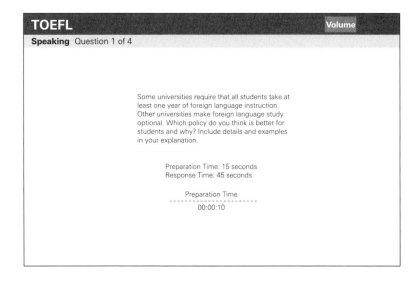

④ 準備時間終了後、話す指示とビープ音が聞こえたら、スピーキングを開始しま
   す。制限時間は45秒です。画面に残りの秒数が表示されます。

準備時間、解答時間を含むサンプル問題を確認し、スピーキングテストのイメージをつかみましょう。

（ 独立型問題のサンプル問題 ）

次のような設問が表示され、音声も流れます。

🔊)) MP3 **02**

Some universities require that all students take at least one year of foreign language instruction. Other universities make foreign language study optional. Which policy do you think is better for students and why? Include details and examples in your explanation.

15秒の準備時間の後、45秒で解答します。準備の指示※1とビープ音が聞こえたら話す内容を考え始め、話す指示※2とビープ音が聞こえたら話し始めてください。

※1 Begin to prepare your response after the beep.（ビープ音の後に解答の準備を始めなさい）という音声の指示があります。
※2 Begin speaking after the beep.（ビープ音の後に話し始めなさい）という音声の指示があります。

（解答例）　※解答時間の後に収録されています。

I strongly feel that foreign language instruction should be mandatory for all university students. Studying a foreign language encourages people to think about life outside their own countries and to develop some objectivity about their own countries as a result. I only took one year of Italian during university, but that led to my part-time job with a European company where I met many interesting people. If we don't study other languages, we may never think outside our own culture. That's why I agree with the idea of making all students take at least one year of foreign language as a graduation requirement.

▶ サンプル問題の訳は p. 56にあります。

統合型問題(Integrated Task)

　Question 2〜4の統合型問題は、スピーキング力だけでなく、リーディングとリスニングの能力も試される設問形式で、合計3問出題されます。

● パッセージを読む

　指示が流れ、続いて、表示されたパッセージを読みます(Question 4には、パッセージはありません)。なお、制限時間(45秒もしくは50秒間)があり、画面に残りの秒数が表示されます。制限時間になると、自動的にリスニングに移ります。

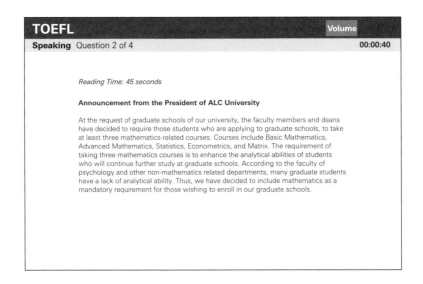

● 会話または講義を聞く

　リーディングのパッセージが消えて、リスニングの指示が流れた後、読んだパッセージに関連する会話または講義の音声が流れます。Question 4では、冒頭の指示の後に講義の音声が流れます。

● スピーキング

　設問が表示されます。Question 2と3では30秒間、Question 4では20秒間で解答を準備します。画面に残りの秒数が表示されます。

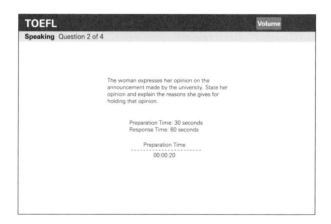

　準備時間終了後、話す指示とビープ音が聞こえたら、60秒間でスピーキングを行います。画面に残りの秒数が表示されます。

(統合型問題のサンプル問題)

まず、次のような指示が流れます（画面上の文字の表示はなく、音声のみです）。

ALC University is planning to increase the number of mathematics courses. Read the announcement about the new requirement. You will have 45 seconds to read the announcement. Begin reading now.

続いて、指示された時間内に次のようなパッセージを読みます。このパッセージは画面に表示されます。　　※音声ファイルには、読むための時間が含まれています。

Announcement from the President of ALC University

At the request of graduate schools of our university, the faculty members and deans have decided to require those students who are applying to graduate schools, to take at least three mathematics-related courses. Courses include Basic Mathematics, Advanced Mathematics, Statistics, Econometrics, and Matrix. The requirement of taking three mathematics courses is to enhance the analytical abilities of students who will continue further study at graduate schools. According to the faculty of psychology and other non-mathematics related departments, many graduate students have a lack of analytical ability. Thus, we have decided to include mathematics as a mandatory requirement for those wishing to enroll in our graduate schools.

画面からパッセージが消えます。

次に、パッセージに関する会話を聞くようにという指示が流れます。会話が始まると、そのシーンを示す写真が画面に表示されます。

Now listen to two students discussing the announcement.

Man: Did you hear that we have to take three math classes in order to apply for a graduate school?

Woman: Yeah, it was a big surprise to me. Since I am majoring in English literature, I'm completely at a loss. What shall I do? Do I really need mathematical abilities?

M: I can't say you have to take mathematics, but you said that you are going to apply for the grad school, right?

W: Right, but I don't have to take mathematics to accomplish my study, I believe. I am going to study how well early American writers introduced the ordinary conversation as a part of their writings. What will statistics do for my study? It's nonsense to throw me into a math labyrinth. I may have to skip some important courses on American History, English Lit and others in order to complete three math classes.

M: That's a tough question.

会話の後に、設問が表示され、音声も流れます。

The woman expresses her opinion on the announcement made by the university. State her opinion and explain the reasons she gives for holding that opinion.

30秒の準備時間の後、60秒で解答します。準備の指示とビープ音が聞こえたら話す内容を考え始め、話す指示とビープ音が聞こえたら話し始めてください。

（解答例）　※解答時間の後に収録されています。

The woman expresses her discomfort with the decision made by ALC University. She is majoring in English literature and her study is related to the early American writers' writing styles; therefore, she thinks that the new requirement to take mathematics courses is irrelevant to her further study at graduate school. She specifically states that statistics will not help her study. Furthermore, she complains that she may have to give up some important courses because taking three math classes will be very hard for her. In summary, she does not believe mathematics is important for her graduate work.

▶ 設問の解説は「iBT攻略法28」（pp. 101-102）にあります。
▶ サンプル問題の訳は pp. 56-57にあります。

ライティング・セクションの概要

このセクションでは「語彙・文法の知識」と「文章構成能力」、そして「タイピング技術」が求められます。では、概要と問題形式を確認しましょう。

■ ライティング・セクションの概要

1 Question 1は、ヘッドホン（マイクつき）を装着して受験します。Question 1、Question 2ともに、解答はパソコンにタイプして入力します。

2 次の2種類の問題が1問ずつ出題されます。
a)統合型問題（Integrated Task）
・「読んで」「聞いて」「書く」形式の問題です。
・3分でパッセージを読み、同じテーマの講義（2〜3分程度）を聞いてから、その内容に関する設問への解答を書きます。
・解答時間は20分、語数は150〜225語。
・リーディングのパッセージは、解答時にも表示されます。
b)アカデミック・ディスカッション（Academic Discussion Task）
・オンラインの掲示板上の議論（教授の質問と2人のクラスメートの投稿）を読み、クラスメートたちの意見も参考にしつつ、自分の意見を書き込む問題です。
・解答時間は10分、語数は100語以上。
・教授やクラスメートの投稿は、解答時にも表示されます。

3 構成、一貫性、言語運用などが評価されます。

4 どちらの問題でもメモを取ることができます。

5 入力画面の右上には、打ち込んだ語数が表示されます。指定された語数を満たすように文章を作成してください。

6 Copy、Cut、Paste（コピー、削除、貼りつけ）などの機能が使えます。スペルチェック機能はありません。なお、キーボードが日本式ではないので、席にある説明書を必ず確認しましょう。

7 各問5点満点。全2問の平均点が30点満点に換算されます。

PC画面での受験手順 ※実際のテスト画面とは異なります。

統合型問題 （Integrated Task）

　ライティング能力だけでなく、リーディングとリスニングの能力も試される統合的な設問形式です。次のような流れになっています。

● パッセージを読む

　セクション開始時に、ヘッドホン（マイクつき）を装着するよう指示されます。セクションのDirections（指示事項）が画面に表示され、その音声も流れます。

　パッセージが表示されます。語数は250〜300語で、制限時間は３分です。画面に残りの時間が表示されます。制限時間になると、自動的にリスニングに移ります。

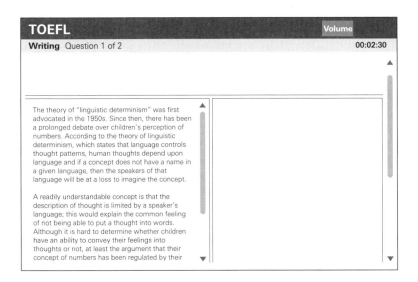

TOEFL　　　　　　　　　　　　　　　　　　　　　　Volume

Writing　Question 1 of 2　　　　　　　　　　　　　　　　00:02:30

The theory of "linguistic determinism" was first advocated in the 1950s. Since then, there has been a prolonged debate over children's perception of numbers. According to the theory of linguistic determinism, which states that language controls thought patterns, human thoughts depend upon language and if a concept does not have a name in a given language, then the speakers of that language will be at a loss to imagine the concept.

A readily understandable concept is that the description of thought is limited by a speaker's language; this would explain the common feeling of not being able to put a thought into words. Although it is hard to determine whether children have an ability to convey their feelings into thoughts or not, at least the argument that their concept of numbers has been regulated by their

● 講義を聞く

　リーディング用パッセージの画面が消えて、リスニングの指示が流れ、講義が始まります。講義の時間は 2 ～ 3 分間です。

● ライティング

講義を聞いた後で指示と設問が画面に表示され、設問は音声でも流れます。画面左には、リーディング用パッセージがもう一度表示されます。

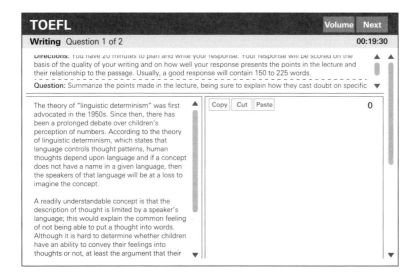

画面右に指定語数を守って解答をタイプします。タイプした語数は画面に表示されるので目安にしてください。制限時間は20分で、残り時間が表示されます。残り時間が5分になると、タイマーが点滅します。

指定された語数を守りましょう。現行の試験では150〜225語の指定があります。この語数指定を守らないと減点されることもあります。

（　　統合型問題のサンプル問題　　）

次のような指示があります（音声でも流れます）。※前半部分を省略しています。

🔊 MP3 **04**

> 🎧
> Now you will see the reading passage. It will be followed by a lecture.

　続いて、3分間で次のようなパッセージを読みます。このパッセージは画面に表示されます。

The theory of "linguistic determinism" was first advocated in the 1950s. Since then, there has been a prolonged debate over children's perception of numbers. According to the theory of linguistic determinism, which states that language controls thought patterns, human thoughts depend upon language and if a concept does not have a name in a given language, then the speakers of that language will be at a loss to imagine the concept.

A readily understandable concept is that the description of thought is limited by a speaker's language; this would explain the common feeling of not being able to put a thought into words. Although it is hard to determine whether children have an ability to convey their feelings into thoughts or not, at least the argument that their concept of numbers has been regulated by their native language seems to be supported by a study conducted on a hunting tribe in South America.

　3分たつと、画面からパッセージが消えます。
　次に指示文と講義の音声を聞きます。講義が始まると、そのシーンを示す写真などが画面に表示されます。

Now listen to part of a lecture on the topic you just read about.

It has recently been proven that infants possess the ability to perform mental arithmetic long before they learn to count in the conventional, linguistic manner. A noted psychologist performed experiments on a group of infants under six months old and the results seem to prove that intelligent thought precedes language. This is in direct opposition to the claims made by various leading researchers that support linguistic determinism, which states that language controls thought patterns.

The babies were shown a doll until they became bored and looked away. Then, a screen appeared between the baby and the doll, and a hand containing another doll appeared to add a second doll behind the screen. The screen was then pulled back and if there were two dolls present, the baby's attention soon lapsed. However, if only one doll was present, this same scene that the baby had previously decided was uninteresting now fascinated all the babies. The same experiment was repeated in various permutations, for example, starting with two dolls and one being actually or seemingly taken away.

The fact that the babies knew how many dolls to expect behind the screen is said to be proof that they possess the capability to perform arithmetical calculations without possessing the linguistic capability to describe them.

講義の後に指示と設問を読み、20分で解答を書き上げます。解答画面の左側には、最初に読んだパッセージが再び表示されます。

Directions: You have 20 minutes to plan and write your response. Your response will be scored on the basis of the quality of your writing and on how well your response presents the points in the lecture and their relationship to the passage. Usually, an effective response will contain 150 to 225 words.

設問の内容（ここでは Summarize 以降）のみ、音声でも流れます。

Question: Summarize the points made in the lecture, being sure to explain how they cast doubt on specific points in the reading passage.

（解答例）

According to the lecturer, babies have an ability to perceive numbers. This view is contrary to the theory of "linguistic determinism," which puts an emphasis on language patterns. It states that language limits the perception of its users. Thus, if their language cannot define some specific concepts, then, the people who use that language cannot imagine these concepts.

However, recent discoveries mentioned by the lecturer show that infants possess the ability to count. Thus, at least a part of linguistic determinism has been disproved. In the experiments, which had been elaborately designed to draw a baby's interest, babies were shown dolls. For example, babies saw a doll, which was then put behind a screen. They then saw a person apparently adding a second doll behind the screen. The baby now expected that there would be two dolls and if there were two, then they would lose interest in the dolls. However, if there were only one doll, they would be surprised and show great interest. Therefore, the experiment successfully showed that a numerical concept among infants less than six months old is not limited by their linguistic ability.

In summary, the lecturer's main point of view is that even non-speaking infants have a concept of numbers. This suggests the view of linguistic determinists, regarding number perception, is wrong.

● サンプル問題の訳は pp. 58-59にあります。

アカデミック・ディスカッション（Academic Discussion Task）

　この問題では、大学のクラスにおけるオンライン・ディスカッションの掲示板に、自分の意見を書き込みます。教授が提示した質問に対して、まず2人のクラスメートが、それぞれの回答を投稿しています。その2人の意見を考慮しつつ、自分の回答と考えを掲示板に書き込むという設問です。

● 教授の質問とクラスメートの回答を読み、自分の回答を書き込む

　画面に示された教授の質問とクラスメートの回答を読み、自分の回答を考えて書き込みます。これらの時間は、合計で10分です。Question 1と同様に、残り時間が5分になるとタイマーが点滅します。このときにあせらないようにしましょう。

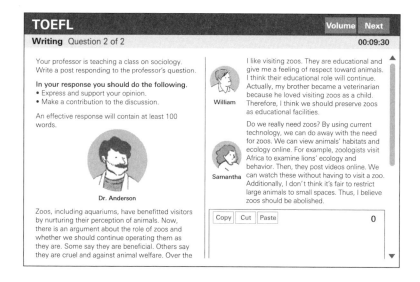

　必要な語数は100語以上です。100語に満たない場合には減点されると考えましょう。まず「何を書けばよいのか」を読み取った上で、さらなる投稿としての建設的な意見を、理由とともにしっかり組み立てることが大切です。

指示および設問（教授の質問と、クラスメート２人の回答を含む）を読み、自分の意見を書き込みます。読んで書く時間は合計で10分です。

Your professor is teaching a class on sociology. Write a post responding to the professor's question.

In your response you should do the following.
- Express and support your opinion.
- Make a contribution to the discussion.

An effective response will contain at least 100 words.

Dr. Anderson
Zoos, including aquariums, have benefitted visitors by nurturing their perception of animals. Now, there is an argument about the role of zoos and whether we should continue operating them as they are. Some say they are beneficial. Others say they are cruel and against animal welfare. Over the next few weeks, I would like you to discuss whether or not you think we should maintain zoos in their current format. Why or why not?

William
I like visiting zoos. They are educational and give me a feeling of respect toward animals. I think their educational role will continue. Actually, my brother became a veterinarian because he loved visiting zoos as a child. Therefore, I think we should preserve zoos as educational facilities.

Samantha
Do we really need zoos? By using current technology, we can do away with the need for zoos. We can view animals' habitats and ecology online. For example, zoologists visit Africa to examine lions' ecology and behavior.

Then, they post videos online. We can watch these without having to visit a zoo. Additionally, I don't think it's fair to restrict large animals to small spaces. Thus, I believe zoos should be abolished.

〈解答例〉

I believe we should maintain some zoos for observation and animal reproduction. Basically, Samantha has a point. Although zoos provide us with an educational perspective, they also clearly exploit some of the animals they house. For example, some are trained to perform to attract visitors, as is the case with dolphins in dolphin shows. Another problem is that animal enclosures are often very small compared to the animals' natural habitats. I doubt that lions can feel psychologically fine in a restricted space. Nevertheless, zoos can give us ideas of living together with animals. We have cleared rainforests and reclaimed land, endangering many species with extinction. Zoos can play an important role in trying to protect and reproduce some of these endangered animals, such as pandas. Humans have destroyed nature, in return, we should save some part of nature by preserving species. Zoos might be able to at least save some animals from extinction.

● サンプル問題の訳はp. 60にあります。

サンプル問題の訳

■ リーディング・セクション

ブラックホールの謎

[1]「ブラックホール」という言葉は、1969年にジョン・ウィーラーによってつくり出されたものである。もっとも、その言葉が意味する概念については、その2世紀前にジョン・ミッチェルによって初めて記述されていたのだが。ミッチェルが示唆していたのは、大きな高密度の星は重力場をとても強力なものとするため、放出される光の粒子がすべて引き戻され、宇宙にかなりの大きさの（何もない）空間をつくり出し、そこからは光が発せられることはまったくないであろうというものであった。この初歩的な考え方は、1783年に初めて発表されて以来、多少の修正があったものの、ウィーラーが後にブラックホールと命名したものに対する基礎的な定義づけとなっている。

[2] 20世紀に天体物理学の分野で行われた研究によって、ブラックホールは実際には光の逃れることのできない時空間であるという結論が得られた。アルバート・アインシュタインによる相対性理論は光より速く移動できるものはないとしているため、光がその領域から逃れることができない場合には、そこから逃れられるものなど何もないことになる。この（ブラックホールと呼ばれる）エリアの境界は、それに内包されている星の範囲ではなく、（ブラックホールの）事象の地平線として定義づけられている。

[3] ブラックホールは、星の重力の平衡を保つものが何もなくなったとき、あるいは、引力が非常に強くなり、力の均衡が保てなくなったときに形成される。水素から発生する熱は、バランスを保つ力の1つだが、どの星も最終的には燃料を使い果たしてしまう。排他原理によって起こされる反発作用は、星が燃料供給を使い終えた後に、重力に対抗するもう1つの手段だろう。しかし、これは比較的小さな密度を持つ星にしか効き目がない。

[4] ブラックホールの発見は、この分野の研究者の大きな関心事となってきた。ブラックホールは依然として周囲の物体に重力を及ぼしており、これが、今日に至るまでブラックホール発見における重要な手段であることが判明している。しかし、ブラックホールは実際には黒色ではなく、宇宙に浮かぶ白熱した物体であるという説もまた、提示されている。このような新たな（科学的）発展により、ブラックホールの発見はずっと容易なものとなるかもしれない。

（設問）
パッセージ中のconsiderableという語に最も意味が近いものはどれですか。
(A) 高密度な
(B) かなりの
(C) 重力の
(D) 強力な

■ リスニング・セクション

　鳥類学の授業における講義の一部を聞きなさい。

　ドードーは、インド洋にあるモーリシャス島でかつて発見された大きな飛べない鳥の呼び名です。ドードーは七面鳥と同じくらいの大きさで、大きいかぎ状に曲がったくちばしと黄色の脚を持っていました。これらの特徴のおかげで、ドードーはまちがえようのない姿をしていました。オランダからの入植者は、1598年に初めてドードーの記録を残しましたが、それから1世紀もたたないうちにドードーは絶滅しました。

　ドードーの絶滅に向かっての減少は驚くほどの速さで進みましたが、これはおそらく、島へ家畜が輸入されたことによって引き起こされたものでしょう。しかし、動きが鈍く、飛べず、一度に1個しか卵を産まなかったという事実は、疑いようもなく彼らの絶滅の一因でした。その名は、実はポルトガル語の「ばかでまぬけ」を意味する語に由来しており、入植者たちがこの鳥をどのように見なしていたかを表しています。

　ドードーは地上につくった巣に卵を産みましたが、逃げ出して野生化した数多くの家畜から、卵を守ることができませんでした。ドードーは飛べなかったため、卵がそうした動物から守られるであろう樹上に巣をつくることができなかったのです。

（設問）
この講義は主に何についてのものですか。
(A) ある鳥の食習性
(B) ある鳥が絶滅した理由
(C) 飛ばない鳥と通常の鳥の比較
(D) ある鳥の営巣の習性

■ スピーキング・セクション

○独立型問題の訳

> 大学の中には、全学生に最低1年間の外国語教育を受けるよう求めていると
> ころがあります。一方で、外国語学習を任意としている大学もあります。学生
> にとってどちらがよいと思いますか。それはなぜですか。詳細や具体例を挙げ
> ながら説明しなさい。

（解答例）

　私は、すべての大学生に外国語教育は必須だと強く感じています。外国語を学ぶ
ことは、自国の外の生活について考えることを促し、その結果、自国の文化を客観
視できるようにもなります。私は大学時代にイタリア語を1年間だけ学びましたが、
それがきっかけでヨーロッパ企業でアルバイトをし、そこで多くの興味深い人々と
出会うことになりました。ほかの言語を学ばなければ、自分の文化の範囲を超えて
考えることなどないかもしれません。ですから、全学生に卒業要件として最低1年
間は外国語を履修させるというアイデアに賛成です。

○統合型問題の訳

> 　アルク大学は数学のコースを増やそうとしています。新たな要件を述べた告
> 知を読みなさい。告知を読むのには45秒与えられます。では、読み始めなさい。

アルク大学学長からの告知

　当大学の大学院からの要請により、教授陣や学部長は、大学院入学希望者に
少なくとも3つの数学に関係するコースの履修義務を課すことを決定しました。
コースには、基礎数学、高等数学、統計学、計量経済学、行列代数が含まれま
す。数学関連の3つのコースの履修義務は、大学院にてさらなる研究を継続す
る学生たちの分析的能力を伸ばすためのものです。心理学その他の数学と関連
しない学部の教授らによれば、多くの大学院生に分析的能力が欠如しています。
このことにより、大学院入学希望者の必要条件の1つとして数学を含めること
を決定しました。

では、2人の学生が告知に関して話し合っているのを聞きなさい。

男性：大学院に出願するのに数学の授業を3つ取らなきゃならないって聞いた？

女性：ええ、すごく驚いたわ。英文学専攻だから、どうしたらいいかわからない。どうしたらいいの？　本当に数学の能力が必要なのかしら。

男性：君に数学が必要とは思わないけれど、大学院に出願する予定だって言ってたよね？

女性：そのとおりよ。でも、自分の研究を仕上げるのに数学を取る必要なんてないと思う。アメリカの初期の作家たちが作品にどれほどうまく日常会話を取り入れたかを研究するのよ。私の研究に統計学が何の役に立つと思う？　数学の迷路の中に私を飛び込ませるなんて、ナンセンスだわ。数学の授業を3つ修了するために、アメリカ史や英文学なんかの重要なコースを飛ばさないといけないかもしれない。

男性：難しい問題だね。

女性は大学の告知に関して意見を表明しています。彼女の意見を述べ、その意見の理由として彼女が挙げていることについて説明しなさい。

（解答例）

　女性は、アルク大学による決定に不満を表明しています。彼女は英文学を専攻しており、彼女の研究はアメリカの初期の作家たちの著述スタイルに関するものです。よって、大学院におけるさらなる研究には、数学のコースを習得しなければならないという新たな義務は無関係だと彼女は思っています。彼女は、統計学は自分の研究の役に立たないだろうと明言しています。さらには、彼女にとって数学のコースを3つ取ることは非常に大変であるため、重要なコースをいくつかあきらめなければならないかもしれないと不満を述べています。まとめると、彼女は自分の大学院での研究のために数学が重要だとは考えていない、ということになります。

■ ライティング・セクション
○統合型問題の訳

> では、リーディングのパッセージが表示されます。それに講義が続きます。

> 「言語決定論」は1950年代に初めて支持された。それ以降、数に関する子どもの認知に関して延々と議論が続いている。言語決定論——この理論は言語が思考パターンを支配するとしている——によると、人間の思考は言語に依存しており、特定の言語において何らかの概念に名称がついていなければ、その言語の話者はその概念について見当もつかないことになる。
>
> 思考の表現は話者の言語の制限を受けるという概念は、理解しやすいものだ。このことは、思考を言葉で表すことはできないというよくある感覚の説明となるだろう。子どもたちに感情を思考へ伝達する能力があるのかどうかを断定することは困難ではあるものの、少なくとも、数の概念は母語によって統制されているという主張は、南米の狩猟民族を対象に行われた調査によって裏づけられているように見える。

> では、今読んだトピックに関する講義の一部を聞きなさい。

> 乳児は従来式に言語を使って数を数えられるようになるかなり前に、暗算をする能力があると最近証明されました。著名な心理学者が6カ月未満の乳児の集団を対象にした研究を行ったのですが、その結果は、知的思考は言語習得に先駆けていると証明しているように見えます。これは、言語決定論を支持するさまざまな学者たちの主張と真っ向から対立するものです。言語決定論は、言語が思考パターンを支配するとしています。
>
> 実験時の乳児には、飽きて目をそむけるまで1体の人形を見せ続けました。その後、乳児と人形の間にスクリーンが現れ、そして、別の1体の人形を持った手が現れて、2体目の人形をスクリーンの背後に置きました。その後スクリーンが取り払われましたが、もしそこに2体の人形があった場合、乳児の関心はすぐに失われました。しかし、そこに人形が1体しかなかった場合、乳児が先ほど関心がわかないものと決めていたその情景が、あらゆる乳児の関心を引き起こしたのです。例えば、2体の人形から実験を始め、そのうち1体が実際に、

あるいは見た目上取り除かれるなど、条件をさまざまに入れ替えた同様の実験が繰り返されました。

　乳児がスクリーンの背後に何体の人形があるはずかを知っているという事実は、そのことを表現する言語能力を持たなくても、乳児が数学的計算を実行する能力を持っていることを示す証拠であると言われています。

指示事項：20分間で解答を考えて書きなさい。解答は、ライティングの質、そして、講義の要点とそれらのパッセージとの関連性がどのくらい的確に表されているかにより、採点されます。効果的な解答は通常、150〜225語を含みます。

問題：講義で述べられた論点を要約しなさい。その際、それらがパッセージにある具体的な点にどのように疑問を投げかけているかを必ず説明しなさい。

（解答例）

　講師によると、乳児には数字を知覚する能力がある。この考え方は「言語決定論」が述べていることに反する。言語決定論は、言語パターンに重きを置いている。この説は、言語がそれを使用する者の知覚を制限すると述べている。それゆえに、もしもある言語が特定の概念を定義できなかったなら、その言語を使用する人たちはそうした概念を想像することができない。

　しかし、講師が言及した近年の発見は、乳児が数字を数える能力を有していることを示している。それゆえ、言語決定論の少なくとも一部は反証されている。乳児の関心を引くよう念入りに考察された実験において、乳児に人形が提示された。例えば、乳児が１体の人形を見た後、その人形がスクリーンの背後に置かれた。それから乳児は、ある人物が２体目の人形をスクリーンの背後に置いているらしき様子を見た。乳児は今スクリーンの背後には２体の人形があるものと考えた。それで、もし実際に２体あった場合、すぐに関心を失うのだろう。しかし、もしそこに１体しかなかった場合、乳児は驚いて大きな関心を示すのだろう。従って、生後６カ月未満の乳児が持つ数字の概念は言語能力に制限されないと、実験は見事に示している。

　まとめると、この講師の主な論点は、言葉を話さない乳児ですら、数字の概念を有しているということである。このことは、数字の認知に関する言語決定論者たちの考え方が誤っていることを示唆している。

○アカデミック・ディスカッションの訳

教授が社会学の授業をしています。教授の質問に答える投稿文を書きなさい。

解答において、以下のことをする必要があります。
●自分の意見と、その裏づけを述べる。
●議論に貢献する。

効果的な解答は、最低でも100語を含みます。

アンダーソン博士

動物園は、水族館も含めてですが、来場者の動物に対する認識を育てるという点で、来場者に利益をもたらしてきました。現在、動物園の役割や、動物園を現状のまま運営し続けるべきかについての議論があります。動物園は有益だと言う人もいます。一方で、動物園は残酷で動物福祉に反していると言う人もいます。これからの数週間で議論してもらいたいのは、動物園を現在の形で維持すべきだと考えるかどうかです。そう考える理由は何でしょうか。

ウィリアム

僕は動物園に行くのが好きです。動物園は教育的で、動物への敬意を抱かせてくれます。動物園の教育的役割は続いていくと思います。実際、僕の兄は獣医になったのですが、それは子どものころに動物園に行くのが好きだったからです。ですから、動物園を教育施設として守るべきだと考えます。

サマンサ

動物園は本当に必要なのでしょうか。現在の技術を使うことで、動物園を必要としなくなることが可能です。動物の生息地や生態はオンラインで見られます。例えば、動物学者はアフリカに行って、ライオンの生態や行動を調査します。そして、その動画をオンラインに投稿します。私たちは動物園を訪れなくてもそれらを見ることができるのです。それに、大型動物を狭い空間に閉じ込めるのはフェアではないと思います。従って、動物園は廃止されるべきだと考えます。

（解答例）

　私は、観察や動物の繁殖のために、いくつかの動物園を維持するべきだと思います。基本的に、サマンサの意見はもっともです。動物園は私たちに教育的な観点を提供してくれる一方で、一部の飼育動物を明らかに搾取しています。例えば、イルカショーのイルカの場合のように、来場者を引き寄せる出し物の訓練を受ける動物もいます。もう１つの問題は、動物が囲い込まれた場所の多くが、その動物の自然生息環境に比べて非常に狭いことです。私は、ライオンが制限された空間で心理的に問題ないか、疑わしいと思います。にもかかわらず、動物園は私たちに動物との共生という考えを与えてくれます。私たちは熱帯雨林を一掃し、土地を埋め立て、多くの種を絶滅の危機にさらしてきました。動物園は、パンダのような絶滅危惧動物の保護と繁殖の試みにおいて、重要な役割を果たすことができます。人間は自然を破壊してきましたが、私たちはその見返りとして、種を保存することで自然の一部を救うべきです。動物園は少なくとも、一部の動物を絶滅から救うことができるかもしれないのです。

" ライティングの採点基準 "

ライティング・セクションの採点は、Rubricと呼ばれる基準書に沿って行われます。以下は、Question 1とQuestion 2に関し、評価の基準の一部を抜き出したものです。

■ Question 1（統合型問題）

5	講義とパッセージから重要な情報を選択し、それらを関連づけながら首尾一貫して正確に提示している。よくまとめられていて、表現に多少の誤りがあったとしても、内容や流れの上で支障がない。
4	おおむねよいが、多少の不正確さやあいまいさ、省略が見られる。
3	講義の重要な情報が含まれており、パッセージとの関連性を伝えている。しかし、重要な内容が一部省略されている、講義とパッセージの関連性の伝達が不正確、または、表現や文法の誤りや不明瞭さが目立つ、などの問題がある。
2	言語的な問題が目立ち、講義とパッセージのつながりを大きく誤解している。また、重要な内容を大幅に省略しているか、大幅に誤って表現している。
1	講義の内容を、ほとんどまたは一切含んでいない。言語レベルが低いため、言いたいことがわからない。
0	単にパッセージをコピーしている、トピックに関連しないことを書いているなど、設問に答えていない。

■ Question 2（アカデミック・ディスカッション）

5	完全に成功した解答。オンラインの議論に適切かつ明確に貢献しており、的確な表現を選んでいる。また、首尾一貫した言葉の使い方が見られ、つづりのまちがいなどを除き語彙や文法の誤りがほとんどない。
4	おおむね成功した解答。オンラインの議論に適切に貢献しており、書き手の考えがわかりやすい。語彙や文法の誤りが少ない。
3	部分的に成功した解答。オンラインの議論への貢献が理解できる。言葉の使い方に上手な点が認められるが、説明などに不足や不明瞭さが見られたり、語彙や文法の明らかな誤りが見られたりする。
2	ほぼ成功していない解答。オンラインの議論に貢献しようとはしているが、使用する言葉が限られているため、理解しにくい。誤りも多い。
1	成功していない解答。オンラインの議論への効果的な貢献が見られない。使用する言葉が限られており、考えが表現できていない。重大な誤りが多い。
0	提示された意見を完全に書き写している、または、それらとまったく関係がないことを書いているなど、設問に答えていない。

ライティング・セクションの解答は、正しい英語でわかりやすく書くよう心がけましょう。また、パッセージやクラスメートの意見などの重要部分を適切に言い換える（パラフレーズする）能力が求められていることにも注意しましょう。

Chapter 3

＼　確実にスコアを伸ばすための　／

iBT 攻略法28

目標スコアを獲得するには、各セクションでどんなことに重点を置けばよいのか、ここで確認しておきましょう。

リーディング・セクションの攻略法

まずは、得点アップにつながる
リーディング・セクションの攻略法を紹介します。

攻略法1
最初からパッセージ全体を読まない

　iBTでは、設問の前にパッセージの全文を読むことはお勧めしません。そんなことをしていたら時間が足りなくなるからです。解答に必要な部分は、各設問の画面に表示されますので、そこで読むようにしましょう。

　試験が始まったら、すぐ1問目に取り組んでください。画面を下までスクロールしなくても設問に移れますから、とりあえず文章は読まないまま1問目に入ってください。解答時間は1パッセージ当たり18分を厳守しましょう。

攻略法2
パラグラフごとに要点を押さえる

　パラグラフ(段落)ごとに要点を押さえながら読んでいく、パラグラフ・リーディングが有効です。パラグラフの内容に沿った設問が、パラグラフの順に沿って出題されますので、パラグラフ単位の意味をきちんと把握することが大切です。

　また、各パッセージ最後の配点の高い設問では、パッセージ全体の内容を問われるので、各パラグラフの要点を記憶し、パッセージ全体の意味をとらえる必要があります。記憶できない場合には、メモを取っても構いませんが、時間配分に気をつけてください。

攻略法3
わからない設問を後回しにしない

　iBTでは、リーディング・セクションだけ、前の設問に戻ることができます。しかし、解答時間が短いので、速読力と記憶力が極めて高い人以外は、順序通りに解いていくほうがよいでしょう。「後でこの設問を解こう」などと考えず、1問ずつ確実

に解いてから次へ進んでください。

> **攻略法4**
> ## 図や表をおろそかにしない

　図や表がパッセージ上部に表示されることがあります。その場合には、その図表が何を意味するかを、しっかりと理解しておきましょう。図表が解答に役立つことがあります（これは、ライティング・セクションの統合型問題のパッセージでも同様です）。

> **攻略法5**
> ## メモを活用する

　メモをうまく活用することで、スコアアップが可能になります。活用の仕方には2種類あります。

(1) 頭の中が整理できないとき

　例えば、次のような文章があったとします。

> 猛きん類（**birds of prey**）には、昼行性の（**diurnal**）ワシ（**eagle**）などがいる。それらの視力は優れている（**keen vision**）。中には、チョウゲンボウ（**kestrel**）のように紫外線（**ultraviolet rays**）を活用するものがいる。これらと異なり、夜行性（**nocturnal**）のフクロウ（**owl**）などは、薄明かりにも対応できる視力（**night vision**）を持っている。しかし、真っ暗な中でもその獲物をとらえることができるのは、赤外線（**infrared rays**）を感知できるからではなく、聴覚（**hearing**）が優れているからである。

　日本語で読んでも混乱しそうな内容です。このような文章は次のようなメモにまとめ、ポイントを整理すると、効率よく解答できます。

```
○    birds of prey
○    ① diurnal
○    eagle → keen vision
○    kestrel → vision+ultraviolet rays
○
○    ② nocturnal
○    owl → night vision+hearing
○    not: infrared rays
```

　メモを取るにも時間がかかりますので、記憶できる場合には取らないなど、取捨
選択が必要です。メモに頼りすぎないようにしましょう。

(2)選択肢を迷ったとき

　4択の問題であれば、メモに「A、B、C、D」と書いてください。そして、まず、
絶対にちがうと思われる選択肢に×と書き込みます。BとCに×がついたら、Aと
Dだけを読み直して比較検討し、よいと思われる選択肢をクリックします。このよ
うに、メモ用紙を用いた消去法は早く正解を導き出すのに有効です（詳しくはp. 27
のコラム参照）。

●問題タイプ別の対策

タイプ1　類義語選択問題

　パッセージ内で使われている語に最も意味が近い語を選択する問題です。類義語
選択問題で、30点満点中3～5点（素点では2～3点）獲得できます。高スコアへの
第一歩となる問題タイプです。
　この問題を確実に押さえるには、高い語彙力と幅広い文法知識で素早く文構造を
理解し、文意をつかむことが重要です。
　類義語選択問題から正答を導く方法を見ていきましょう（例題はp. 25のパッセー
ジからの出題です）。もう一度パッセージを確認してから取り組んでください。

○パッセージの例　　※1〜4のようなパラグラフ番号は、実際のテスト画面では表示されません。

The Mystery of Black Holes

1 The term "black hole" was coined in 1969 by John Wheeler, although the concept to which it refers was first described by John Mitchell two centuries beforehand. Mitchell suggested that a dense star of substantial size would have a gravitational field so powerful that all light particles emitted would be dragged back thus creating a **considerable** void in space from which no light could be released. Although this elementary idea has been somewhat refined since it was first **put forward** in 1783, it remains a very basic definition of what Wheeler later designated a black hole.

2 Work done in the field of astrophysics during the 20th century led to the conclusion that a black hole is actually an area of space-time from which light cannot escape. **Albert Einstein's theory of relativity tells us that nothing travels faster than light, thus if light cannot escape from the region, nothing can.** The boundary of this area is defined as the event horizon rather than as the area of the star it contains.

3 A black hole is formed when there is no longer anything to balance a star's gravitational attraction, or when the attraction becomes so strong that an equilibrium between forces cannot be maintained. Heat from hydrogen is one balancing force, but every star eventually runs out of fuel. The repulsion caused by the exclusion principle is another way gravitational attraction may be countered after the star finishes its fuel supply. However, this only works for stars with a relatively small density.

4 The detection of black holes has been a key concern of researchers in the field. Black holes still exert a gravitational force on surrounding objects and this has proved a vital tool in their discovery up to now. However, it has also been proposed that black holes are not actually black but rather glowing bodies in space. This new development could make it a lot easier to locate black holes.

○例題1

The word **considerable** in the passage is closest in meaning to

    (A) dense

    (B) substantial

    (C) gravitational

    (D) powerful

［正解：B］

　「a considerable void（かなりの大きさの何もない空間）がつくり出される」という内容で、considerable は「かなりの、相当な」という意味です。よって(B) substantial（かなりの）を選びます。重要な類義語として覚えておきましょう。

○例題2

The phrase **put forward** in the passage is closest in meaning to

    (A) written

    (B) confirmed

    (C) presented

    (D) arranged

［正解：C］

　類義語選択問題では、単語以外にイディオムも出題されます。put forward が含まれるのは、since it was first put forward in 1783の部分で、it は、その前にある this elementary idea を指します。それ (it) が「1783年にどのようにされた」のかを考えましょう。it was put forward で「それが発表された」という意味ですから、(C) presented が正解となります。

○訳：例題1　　　　　　　　　　　　　　※パッセージの訳はp. 54にあります。

パッセージ中のconsiderable という語に最も意味が近いものはどれですか。

    (A) 高密度な

    (B) かなりの

    (C) 重力の

    (D) 強力な

○訳：例題2

パッセージ中のput forward というフレーズに最も意味が近いものはどれですか。

(A) 書かれた
(B) 確認された
(C) 発表された
(D) 手配された

タイプ2　パラグラフ内容の確認問題

パラグラフの内容を確認する設問です。落ち着いて取り組めば、比較的容易に解答できます。

○例題3
According to Paragraph 1, what did John Wheeler contribute to the study of black holes?
　　(A) He defined the density and size of black holes.
　　(B) He discovered the first black hole.
　　(C) He named the first black hole ever discovered.
　　(D) He named the phenomenon of black holes.

［正解：D］

　概念としてのブラックホールは、1783年に初めて発表されましたが、これはJohn Mitchellが考えたとあります。また、本文では、ブラックホールの発見については述べられていません。第1パラグラフ冒頭のThe term "black hole" was coined in 1969 by John Wheeler(「ブラックホール」という言葉は1969年にジョン・ウィーラーによってつくり出された)と、同じパラグラフの最終行what Wheeler later designated a black hole.(ウィーラーが後にブラックホールと命名したもの)から、(D)が正解だとわかります。

○訳
第1パラグラフによると、ジョン・ウィーラーはブラックホールの研究にどんな貢献をしましたか。
　(A) ブラックホールの密度と大きさを定義した。
　(B) 最初のブラックホールを発見した。
　(C) 史上初めて発見されたブラックホールに名称をつけた。
　(D) ブラックホールという現象に名称をつけた。

more »»

①時間に余裕があれば、なるべく指定されたパラグラフ全体を読んでください。パラグラフの内容を頭に入れることで、その後の設問が早く解けることがあります。

②複数の人名が登場するパッセージの場合は、設問に関係ない人物を含む選択肢をまずチェックし、それらを消去して選択肢を絞ってから答えましょう。

タイプ3　適切な言い換え文を選ぶ問題

　選択肢の中から、パッセージ中のハイライトされた文の要点を正しく表しているものを選ぶ問題です。難易度は高くなりますが、パラグラフの要点をメモしておけば、比較的短時間で解答を選ぶことができます。90秒を限度に解答してください。ここで時間をかけすぎると、最後のパッセージ要約問題に割く時間が足りなくなってしまいます。

○例題4

Which of the sentences below best expresses the essential information in the highlighted sentence in Paragraph 2? Incorrect choices change the meaning in important ways or leave out essential information.

2 Work done in the field of astrophysics during the 20th century led to the conclusion that a black hole is actually an area of space-time from which light cannot escape. **Albert Einstein's theory of relativity tells us that nothing travels faster than light, thus if light cannot escape from the region, nothing can.** The boundary of this area is defined as the event horizon rather than as the area of the star it contains.

(A) Nothing except light can escape from the region, according to Albert Einstein's theory of relativity.
(B) No substances can move faster than light, according to Albert Einstein's theory of relativity; thus, if the region cannot radiate light, it cannot emit anything.
(C) Albert Einstein's theory of relativity fails to account for the reason why light cannot escape from the region.
(D) Albert Einstein's theory of relativity explains why there are no fast-moving substances other than light in the region.

70

[正解：B]

　ハイライトされている文の要点は次の２つです。
　　(1)相対性理論によると、光より速く動くものはない。
　　(2)光が放出されない限り、ほかの物質も放出されない。

　この２点を述べているのは選択肢(B)ですから、これが正解となります。

○訳
　第２パラグラフでハイライトされた文の必須情報について、最もよく表している
のは以下の文のうちどれですか。不正解の選択肢は、重要な点において意味が異な
っているか、必須情報を省いています。

②20世紀に天体物理学の分野で行われた研究によって、ブラックホールは実際には
光の逃れることのできない時空間であるという結論が得られた。アルバート・アイ
ンシュタインによる相対性理論は光より速く移動できるものはないとしているため、
光がその領域から逃れることができない場合には、そこから逃れられるものなど何
もないことになる。この（ブラックホールと呼ばれる）エリアの境界は、それに内包
されている星の範囲ではなく、（ブラックホールの）事象の地平線として定義づけられ
ている。

　(A) アルバート・アインシュタインの相対性理論によると、光以外は何もその領域
　　　から逃れることができない。
　(B) アルバート・アインシュタインの相対性理論によると、光より速く移動できる
　　　物質は１つもない。それゆえ、もしもその領域が光を放射できなければ、それ
　　　は何も放出できない。
　(C) アルバート・アインシュタインの相対性理論は、その領域から光が逃れられな
　　　い理由を説明できていない。
　(D) アルバート・アインシュタインの相対性理論は、その領域において光以外に高
　　　速で移動する物質がない理由を説明している。

more ≫≫

①ハイライトされた文の重要箇所をメモ書きします。そしてメモの内容をしっかり
と把握します。
②選択肢を選ぶ際、部分的に合っているからといってすぐ選ぶのではなく、合致す
る要素を一番多く含んだものを選択してください。
③例題４は、１文の意味を別の表現で言い直す問題でした。本試験では、２文以上
が対象になるケースもあります。メモを有効活用しましょう。

　文挿入問題は、難易度の高い設問です。与えられた1文をパラグラフのどこに挿入したら適切かを選びます。

○例題5

> Look at the four squares [■] that indicate where the following sentence could be added to the passage.
>
> **There are two ways in which the gravitational force of a star can be stabilized and whichever one of these a given star is using at a given time depends on the age and size of the star.**
>
> Where would the sentence best fit?

(A) ■ A black hole is formed when there is no longer anything to balance a star's gravitational attraction, or when the attraction becomes so strong that an equilibrium between forces cannot be maintained. (B) ■ Heat from hydrogen is one balancing force, but every star eventually runs out of fuel. (C) ■ The repulsion caused by the exclusion principle is another way gravitational attraction may be countered after the star finishes its fuel supply. However, this only works for stars with a relatively small density. (D) ■

［正解：B］

　挿入文中に出てくる、two ways（2つの手段）に注目します。(B) ■ の直後の文では、one balancing force という表現で1つ目の手段が、(C) ■ の直後の文では another way という表現でもう1つの手段が説明されています。ですから、挿入場所としては、(B) ■ が最適です。

○訳
　パッセージに次の文を追加できそうな場所を示す、4つの四角（■）を見なさい。

ある星の重力を安定させられる方法は2つある。ある時点で特定の星がそれらのうちどちらを用いているのかは、その星の年齢と大きさによって決まる。

　この文が最もよく当てはまる場所はどこですか。

(A) ■ブラックホールは、星の重力の平衡を保つものが何もなくなったとき、あるいは、引力が非常に強くなり、力の均衡が保てなくなったときに形成される。(B) ■水素から発生する熱は、バランスを保つ力の1つだが、どの星も最終的には燃料を使い果たしてしまう。(C) ■排他原理によって起こされる反発作用は、星が燃料供給を使い終えた後に、重力に対抗するもう1つの手段だろう。しかし、これは比較的小さな密度を持つ星にしか効き目がない。(D) ■

more ≫

①挿入文をよく読んで、その中に序数(「第1に」や「1つ目」などを表す語)や代名詞が含まれていないかどうかを確認します。挿入位置を確定するための貴重なヒントとなります。

②すべての挿入箇所候補の直後の文を読んでください。そして、挿入文がうまくつながるかを確かめます。

③指定されているパラグラフの要旨を必ず把握してから解いてください。

　各パッセージの最終問題は配点が高くなっています。内容は、「パッセージ全体の要点を問う設問」です。解答する際は、選択肢の中から適切なものを解答欄へドラッグします。パッセージに戻るには **View Text** のボタンをクリックします。

○例題6

Directions: An introductory sentence for a brief summary of the passage is provided below. Complete the summary by choosing THREE answer choices that mention the most important ideas in the passage. Some sentences do not fit with the summary because they pose ideas that are not mentioned in the passage or are not main ideas in the passage. **This question is worth 2 points.**

Scientists are eager to discover the processes involved in black holes.

(A) In the 18th century, John Mitchell proposed the idea of a strong gravitational field that prohibits light from being emitted.

(B) There is a high probability that scientists can discover black holes by examining heat from dark regions.

(C) After a star with a large mass uses up its fuel, its gravitational attraction can be balanced by the repulsion principle.

(D) A more recent theory indicates that a radiant body with strong gravitation exists as a black hole.

(E) Only after a black hole has been created can it exert a gravitational pull.

(F) Because no light can be released from a black hole, nothing in it can be observed.

［正解：A、D、F］

　消去法で選択肢を省いていくのが最も簡単です。(B)と(E)は述べられていません。(C)は、a large massではなくa relatively small densityであることが、第3パラグラフの最終文で述べられています。よってそれ以外の(A)、(D)、(F)が正解となります。

○訳

指示事項：パッセージの短い要約の導入文が、以下に与えられています。パッセージ中の最も重要な考えを述べている選択肢を3つ選び、要約を完成させなさい。いくつかの文は、パッセージ中で述べられていない考えを提示しているか、あるいはパッセージの主旨ではないため、この要約には当てはまりません。この設問の配点は2点です。

科学者たちは、ブラックホールに関するプロセスを発見しようと躍起になっている。

  (A) 18世紀、ジョン・ミッチェルは光の放出を許さない、強力な重力場の考えを提案した。

  (B) 暗黒領域から出る熱を分析することにより科学者たちがブラックホールを発見できる、という可能性が高い。

  (C) 巨大質量の星が自身の燃料を使い果たした後、重力は反発の原理により均衡が保たれることがある。

  (D) より新しい理論は、強い引力を持つ光体がブラックホールとして存在することを示している。

  (E) 引力を使えるのは、ブラックホールがつくられた後になってからである。

  (F) ブラックホールからはどんな光も放出されないため、ブラックホール内にあるものは何も観察できない。

more ≫

①正解の選択肢すべてを選べなくても、部分点がもらえます。

②各パッセージの最終問題ですから、解答したら **Review** のボタンを必ずクリックしてください。そして、解答漏れがないかを確かめます。

    ここまで紹介した問題パターン以外にも次のような設問が出題されます。なお、これらの設問は本書の模擬試験に含まれています。

タイプ6　筆者の意図を探る問題

    筆者の文中での考えを選択する設問です。通常は、パッセージに書かれている内容を別の表現で言い換えた選択肢が正解となります。

　指定されているパラグラフの内容と食い違う選択肢を１つ答える設問です。質問文中にNOTやEXCEPT（いずれもすべて大文字表記）が入っています。指定されたパラグラフ全体を読まないと解答できないようになっています。

●さらに高スコアを獲得するために

　リーディング・セクションで高スコアを獲得するためには、なんと言ってもタイプ５の「パッセージ要約問題」の攻略がカギになります。このタイプの問題の取り組み方をまとめておきましょう。

1　パッセージ要約問題に3分確保しておく

　要約問題は各パッセージの最後に出てきます。解答するのに最低３分はかかりますので、要約問題以前に出てくる設問を計15分以内に解答するよう心がけましょう。

2　文挿入問題は１分で解く

　要約問題に時間を回すために、文挿入問題は１分を限度に解答しましょう。

3　推測できるものは先に選ぶ

　View Textボタンをクリックしてパッセージに戻る前に、正解と判断できる選択肢は選択しておきましょう。例えば、例題6の設問ならば、２つ程度の選択肢は正答として選択できます。それを先に解答欄にドラッグしておきます。そして、残りの１つを選ぶために**View Text**ボタンでパッセージに戻り、関係のありそうなパラグラフを読んで正解を検討しましょう。

4　今まで読み飛ばしたパラグラフに注意

　ここまでの設問を解くためにすでにほとんどのパラグラフの内容を理解しているはずです。しかし、まれにどの設問にも関連しないパラグラフがあります。そのときには、そこに正解を導くカギが含まれている可能性があります。選択に迷う場合にはパッセージに戻り、文章をあらためて注意深く読み込んでください。

Listening Section
リスニング・セクションの攻略法

続いて、リスニング・セクションの
取り組み方を見ていきましょう。

攻略法6
話の流れから推測・判断する

　iBTのリスニングでは、実践的な理解力（pragmatic understanding）を測る設問が出題されます。こうした設問では、話の流れから話者の目的や考え方、立場などを推測・判断して答える力が試されます。

　話の目的や役割を問う設問では、講義や会話に登場したキーワードを参考に答えましょう。

　トピックに対する話者のスタンスなど、講義や会話の中で具体的に触れられていない、発言者の意図を問うような設問の場合は、特に話の流れを理解することが大切です。

攻略法7
普段から長い会話や講義を聞いて、集中力を養う

　iBTはほかの試験に比べ、聞き取る英語の量が膨大です。どんなに長くても我慢して、集中力を最後まで維持してください。画面に表示される時間経過のインジケーターが、残りの分量の目安になります。

攻略法8
メモは重要な箇所だけにとどめる

(1) キーワードは必ずメモする

　リスニング・セクションの攻略には、効果的なメモの取り方とディクテーション能力の向上がカギとなります。

講義を聞いて答える設問では、キーワードが画面に（黒板などのイメージイラストで）表示されます。これらは設問を解く際のヒントになる場合が多いので、必ず書き留めておきましょう。

(2) メモを工夫する

メモを取る際は、会話や講義の内容に沿って、わかりやすく簡潔に書くことが大切です。メモ用紙のあちこちに書き込むと、後で読み返したときに前後のつながりがわからなくなってしまいます。

また、書き込んだ語句を矢印や記号を用いてつなぎ合わせ、話の流れをはっきりさせると、設問を解く際に役立ちます。補足の記号なども書き込めるよう、スペースにゆとりを持たせてメモを取るようにしましょう。

(3) メモを取りすぎない！

メモ書きが重要とはいえ、すべての内容を書き取ればよいというわけではありません。私の塾の生徒たちは、メモの取り方によって、次のように二分されました。

・メモ書きによりスコアアップした生徒たち
　見直したときにわかりやすい効率的なメモ書きをすることができる生徒たちは、28点や29点といった非常に高いスコアを取るようになりました。

・メモ書きによりスコアダウンした生徒たち
　会話や講義内容をすべて書き取ろうとすると、メモだけが膨らみ、自分で書いたメモを理解できないまま設問に答えることになります。そのような生徒たちは、スコアが低くなりました。

(4) 会話のメモは少なめに

会話は流れが重要です。学生同士の会話なのか、学生と教授なのか、学生とアカデミックアドバイザーなのか、話者がどのような状況で会話をしているのかをはっきり意識して聞き取りましょう。こうした流れを理解するためにも、会話のメモ書きは最小限にとどめたほうがよいでしょう。

攻略法9

メモには自分で工夫した省略記号を使う

　留学中にノートを取る際、私は省略記号をよく用いていました。授業によっては、ほぼ講義だけが続くものもありましたので、省略記号は非常に有効でした。

increase（増加）↑	decrease（減少）↓　　caused（因果関係）A → B
the same（同じ）＝	irrelevant（無関係）≠　　　　など

　このような記号を用いると、比較的簡単にメモを取ることができます。皆さんも自分に合った省略記号を見つけてください。

攻略法10

話の転換点では注意してメモを取る

　会話や講義・討論内容が転換する場所には、特に気をつけましょう。これらの場所では、but、however、on the other hand、on the contrary、in addition など、transitional phrase/word(s)（移行句／移行語）と呼ばれる語句が用いられます。これらの語句が現れたときには、前後関係に注意してしっかりとメモしてください。

　メモ書きのポイントはつかめたでしょうか。それでは、音声ファイル05を聞いて、メモ書きに挑戦してみましょう（スクリプトはp. 33に、訳はp. 55にあります）。

🔊 MP3 **05**

　しっかりメモできましたか。p. 80の私のメモと比べてみてください。なお、本番の試験では、domestic animalsのようにすべてを書く必要はありません。dom ani でもいいのです。メモは人に見せるものではなく、自分で理解できればいいからで

す。つづりを知らない単語や地名などは「モーリシャス」などのようにカタカナで書いても構いません。

○メモ書き例

> ○ dodo ≠ flight モーリシャス ← name: Portug
> ○ had big bill フック ト
> ○ 1598 by Dutch
> ○ domestic animals → extinct ← one egg & ground nest, can't escape

● **問題タイプ別の対策**

リスニング・セクションには、大別すると会話形式の問題と講義形式の問題（討論が入る形式も含む）の2種類があります。ここではまず、苦手とする受験者の多い講義形式の問題から見ていきます。

講義形式の問題

タイプ1　講義内容を問う問題

※例題は音声ファイル05の講義を基に出題されます。05をもう一度聞いてから取り組んでください。

通常、第1問には全体のテーマを問う設問が出題されます。ただし、第1問から詳細が問われる場合もあります。

○例題1　　　　　　　　　　　　　　　　　　　　　　　　　◁») MP3 **06**

> **What is the lecture mainly about?**
>
> (A) The eating habits of a specific bird
> (B) Reasons for the extinction of a specific bird
> (C) A comparison between a flightless bird and a common bird
> (D) The nesting habits of a specific bird

［正解：B］

ドードーという鳥の特徴とその絶滅の原因（reasons for the extinction）についての講義なので、(B) が正解です。講義の細部ではなく、全体の流れをつかんで答えま

しょう。難易度は高くありません。この設問を落とした人は、短い講義などを集中的に聞いて練習しましょう。

○訳
この講義は主に何についてのものですか。
    (A) ある鳥の食習性
    (B) ある鳥が絶滅した理由
    (C) 飛ばない鳥と通常の鳥の比較
    (D) ある鳥の営巣の習性

　設問が進むにつれて、詳細な内容を問うものになっていきます。リスニング中にしっかりメモを取り、解答の際に参照できるようにしておきましょう。

○例題2 MP3 **07**

> 🎵 **Which of the following descriptions accurately describes the dodo?**
>
>   (A) A small, flightless bird with a yellow bill
>   (B) A large, flightless bird with a yellow bill
>   (C) A small, flightless bird with a large bill
>   (D) A large, flightless bird with a hooked bill

［正解：D］

　かぎ状に曲がったくちばし(a hooked bill)が決め手となります。p. 80のメモ書き例のように、hookedがわからなくてもカタカナで「フックト」とメモしておけば、選択肢を見たときに単語を認識しやすいと思います。

○訳
次の記述のうち、ドードーを正確に描写しているのはどれですか。
    (A) 小型の飛べない鳥で黄色のくちばしを持つ
    (B) 大型の飛べない鳥で黄色のくちばしを持つ
    (C) 小型の飛べない鳥で大きなくちばしを持つ
    (D) 大型の飛べない鳥でかぎ状に曲がったくちばしを持つ

　次の例題3は、時系列に登場する事柄を正確に聞き取る設問です。こうした内容の講義では、画面に年代が示されることがよくあります。

○例題3

> 🔊 When did the dodo probably become extinct?
>
> (A) 15th century
> (B) 16th century
> (C) 17th century
> (D) 18th century

［正解：C］

　講義の中で、ドードーは「それから1世紀もたたないうちに絶滅した」と述べられています。世紀の数え方をまちがえないようにしてください。メモにある1598年は16世紀ですから、ドードーが絶滅したのは17世紀です。画面に示された文字は必ずメモしてください。なお、最近の傾向として、「紀元前」を表す際に「BC」以外に「BCE (Before the Common Era)」という表現が使われることもあるので、覚えておきましょう。

○訳
ドードーはおそらくいつ絶滅しましたか。
　(A) 15世紀
　(B) 16世紀
　(C) 17世紀
　(D) 18世紀

　次の例題4のように、聞き逃したりメモを取り忘れたりしやすい箇所から出題されることもあります。

○例題4

> 🔊 What language does the word dodo come from?
>
> (A) Dutch
> (B) Portuguese
> (C) English
> (D) Spanish

［正解：B］

　オランダ人の入植者たちがドードーを見つけたと最初に述べられていますから、(A)を選択する人も多いと思います。しかし、後半でThe name actually comes from the Portuguese word（その名は、実はポルトガル語の単語に由来している）と述べられています。引っかけ問題と考えてよいでしょう。

○訳
ドードーという語は何語に由来していますか。
  (A) オランダ語
  (B) ポルトガル語
  (C) 英語
  (D) スペイン語

　何かの原因や理由を問う設問もよく出題されます。以下は比較的難易度の低い設問です。短い会話を聞き取る力が備わっていれば、正解できるはずです。

○例題5　　　　　　　　　　　　　　　　　　　　　　🔊)) MP3 **10**

🎧 **What was the main cause of the dodo's eradication?**

  (A)　Hunting by colonists
  (B)　Reverse evolution
  (C)　Escaped domestic animals
  (D)　The popularity of dodo eggs

［正解：C］

　質問文中のeradication（根絶）という語を知らないと選択に迷うかもしれませんが、全体がドードーの絶滅について述べた講義であることから、意味を推測できるはずです。「domestic animals（家畜）がextinct（絶滅）の原因である」という内容をメモしていれば、答えられます。ほかの選択肢については、述べられていません。

○訳

ドードーの根絶の主な原因は何ですか。

  (A) 入植者による狩り

  (B) 逆方向の進化

  (C) 逃げ出した家畜

  (D) ドードーの卵の人気

タイプ2　話者の考えを問う問題

　iBT では、会話や講義では直接触れていない事柄について、話の流れから推測・判断して答える設問が出題されます。こうしたタイプの設問では、メモはあまり役に立ちません。この形式の設問は、大学での授業を想定したもので、**講義内容そのものを問う**というよりは、**講義の流れを把握し、授業に参加する能力を試す問題**と言っていいでしょう。

○例題6 MP3 **11**

🎙 **Listen again to part of the lecture. Then answer the question.**

The dodo was about as big as a turkey and possessed a large, hooked bill and yellow legs. These features made it quite an unmistakable bird.

🎙 **Why does the professor say this:** 🎧

"These features made it quite an unmistakable bird."

  (A)　To let students write down the important features of the dodo

  (B)　To indicate that the dodo was mistakenly shot by hunters

  (C)　To emphasize the uniqueness of the dodo

  (D)　To assert that every student listen to his lecture carefully

---

※色文字部分は実際の試験では画面に表示されません。

[正解：C]

　講義の一部を抜粋して聞かせ、その中の These features made it quite an unmistakable bird.（これらの特徴のおかげで、それ［ドードー］はまちがえようのない姿をしていた）という部分について考察させる問題です。quite an unmistakable

（まちがえようのない）というフレーズが、these features（これらの特徴）を強調していると考えられます。(B)のような事実はどこにも述べられていませんし、(A)「学生たちにドードーの重要な特徴を書き留めさせるため」や、(D)「学生全員が自分の講義を注意深く聞くべきだと強く主張するため」も不自然です。素直に考えれば、(C)が最適であることがわかります。このタイプの設問は、メモ書きした細かな情報よりも、講義の流れを重視して解くとよいでしょう。

○訳
講義の一部をもう一度聞きなさい。その後、質問に答えなさい。

ドードーは七面鳥と同じくらいの大きさで、大きいかぎ状に曲がったくちばしと黄色の脚を持っていました。これらの特徴のおかげで、ドードーはまちがえようのない姿をしていました。

教授はなぜこう言っているのですか。
「これらの特徴のおかげで、ドードーはまちがえようのない姿をしていました」

(A) 学生たちにドードーの重要な特徴を書き留めさせるため
(B) ドードーがハンターたちに誤って撃たれたことを示すため
(C) ドードーの独自性を強調するため
(D) 学生全員が自分の講義を注意深く聞くべきだと強く主張するため

　タイプ2の設問には、上に挙げたような、講義内容に関連したものに加えて、講義（授業）の理解度を測るために、教授の発言や行動の理由を問う設問もあります。
　例えば、「講義の終わりに『この点については、もう黒板に書かなくてもいいですね』と教授が言ったのはなぜですか」という設問が出されることがあります。この場合、「講義の中で繰り返し同じ点を説明したので、学生はもう十分理解していると判断したため」といった選択肢が正解になります。
　このような設問は、講義で得た情報に関係なく、授業の流れや状況を把握した上で教授の考えを推測しなくてはならないので、難易度が上がります。

more »»»
　話者の発言や行動の理由を問う設問を解く際は、次のことに気をつけましょう。

①話の流れを聞き逃さない
　この形式の問題では、会話や講義・討論のうち、設問で問われる部分の音声を再度聞くことができます。講義内容に関連する設問の場合は、話の流れから解答を推測できますので、聞き逃さないようにしてください。

②消去法で選択肢を絞る

　授業の理解度を測る設問では、まず、明らかに当てはまらない選択肢を除外します。次に、残った選択肢から、講義の流れなどを把握しつつ、話者（教授）の意図を考えた上で正解を選ぶ必要があります。紛らわしい選択肢も含まれているので、じっくり読んでから選びましょう。

会話形式の問題

　次に、会話形式の問題の例を見ていきましょう。

　まず音声ファイル12の会話を聞いて、どのくらい聞き取れるか試してみてください（実際の試験で聞く会話より短くしてあります）。

　会話のスクリプトは以下のとおりです。再度聞きながら、内容を確認しましょう。

○会話例　　　　　　　　　　　　　　　　　　　　　　　 MP3 **12**

Listen to a conversation between two students at the end of a lecture.

Woman: That was a pretty interesting lecture, don't you think?

Man: Fascinating. I've never thought of cockroaches in that light before. How long did he say they'd been around? 350 million years? Amazing!

W: Yeah, and to think they've hardly changed in appearance. They must have good survival skills.

M: Well, didn't you hear that part? Apparently, they can detect the tiniest change in air movement so it's almost impossible to even get close to them. And they move so fast that you can forget about catching them.

W: Oh, I must've missed that. But I certainly didn't need telling about their foul odor and resistance to pesticides. I had them in my last apartment, and it's pointless trying to get rid of them. They're invincible.

M: Yeah, I know. I find it really hard to believe that people keep them as pets!

W: It's not the pest variety though.

○訳
講義の終わりでの、2人の学生の会話を聞きなさい。

女性：あの講義、とても面白かったと思わない？

男性：興味をそそられたよ。ゴキブリのことをそんな視点で考えたことは、これまで全然なかったよ。教授はどのくらい長くゴキブリが存在しているって言ってたっけ？ 3億5000万年かい？ 驚きだよ！

女性：そうね、しかもほとんど見かけが変わっていない。かなりの生存技術があるはずだわ。

男性：あれ、その部分を聞いていなかったのかい？ ゴキブリは空気のわずかな動きを感知するらしいから、近づくのさえもほとんど不可能なんだよ。そして動きがすごく速いから、捕まえるなんてあきらめるしかない。

女性：ああ、その部分は聞き逃したにちがいないわ。だけど嫌なにおいと殺虫剤に対しての抵抗力については確かに話してもらう必要はなかったわ。前に住んでいたアパートにゴキブリがいたけど、駆除しようとするのは無意味よ。彼らは無敵だわ。

男性：そうだね、わかるよ。人々がゴキブリをペットとして飼っているのは本当に信じがたいな。

女性：でもそれは（ペット用であって）害虫のほうではないわよね。

タイプ1　会話内容を問う問題

○例題7 (p. 86の会話に関する設問／以下同)　　　MP3 **13**

> **8** What course is the lecture the students are discussing probably part of?
>
> (A) An introduction to botany
> (B) An introduction to entomology
> (C) An introduction to anatomy
> (D) An introduction to psychology

［正解：B］

　講義を聞いた学生同士の会話です。会話を通じてcockroach（ゴキブリ）という単語が登場するので、(B)が正解となります。entomology（昆虫学）を知らなくても、ほかの選択肢の科目名がわかれば、消去法で解ける問題です。科目名はTOEFLの頻出語ですので、日本の大学でもよく使われる科目は英語で覚えておきましょう。

○訳

学生たちが話題にしているこの講義は、おそらく何のコースの一部ですか。

  (A) 植物学入門

  (B) 昆虫学入門

  (C) 解剖学入門

  (D) 心理学入門

○例題8 MP3 **14**

> According to the conversation, how long have cockroaches been on earth?
>
> (A) 3 million years
>
> (B) 35 million years
>
> (C) 300 million years
>
> (D) 350 million years

［正解：D］

　男性の最初の発言に年数が登場します。耳で聞き取った数字を350 million years とうまくメモできたでしょうか。このように、期間や順番に関しては、メモを取ることを忘れないでください。会話問題でも、数に関する設問がよく出題されます。

○訳

この会話によると、ゴキブリはどのくらいの期間、地球上にいますか。

  (A) 300万年

  (B) 3500万年

  (C) 3億年

  (D) 3億5000万年

　質問文にNOT（〜でない）やEXCEPT（〜以外の）が入った問題も出題されます。画面に表示される質問文の大文字に注意し、意味を取りちがえないようにしましょう。

○例題9　　　　　　　　　　　　　　　 MP3 **15**

> 🔊 **What is NOT mentioned as a characteristic of cockroaches?**
>
> (A) They have good survival skills.
> (B) They have an offensive smell.
> (C) They are able to fly.
> (D) They are highly sensitive.

［正解：C］

　「会話の中で話されていない内容」が問われています。メモを参考に、会話で語られたゴキブリの特徴を消去していくと、話されなかった内容を選ぶことができます。正解は(C)です。一部のゴキブリは飛べますが、この会話ではそのことには一切触れられていません。

○訳
ゴキブリの特徴として述べられていないのは何ですか。
　(A) 生き残るための優れたスキルを持つ。
　(B) 嫌なにおいがする。
　(C) 飛ぶことができる。
　(D) 非常に感覚が優れている。

○例題10　　　　　　　　　　　　　　 MP3 **16**

> 🔊 **What does the woman say about the cockroaches in her last apartment?**
>
> (A) She couldn't eliminate them.
> (B) She could smell them but couldn't see them.
> (C) She followed them and found their nest.
> (D) She was disappointed that she couldn't study them.

［正解：A］

詳細な内容を聞き取る力を試す問題です。女性の３つ目の発言にある、it's pointless trying to get rid of them（駆除しようとするのは無意味）と They're invincible.（彼らは無敵）の２つのキーフレーズから、(A)の「駆除できなかった」を選びます。get rid of ～（～を排除する）、invincible（無敵の）、eliminate（除去する）などはよく使われる語句です。語彙の増強に日々努めましょう。

○訳
前のアパートにいたゴキブリについて、女性は何と言っていますか。
　(A) 駆除できなかった。
　(B) においを嗅ぐことはできたが、見ることはできなかった。
　(C) 追跡し、巣を見つけた。
　(D) それについて研究できず、落胆した。

タイプ2　発言の意図などを問う設問

○例題11　　　　　　　　　　　　　　　　　　　　　🔊 MP3 **17**

　🅐 Listen again to part of the conversation. Then answer the question.

W: Yeah, and to think they've hardly changed in appearance. They must have good survival skills.
M: Well, didn't you hear that part?

　🅑 What does the man imply when he says this: 🎧
"Well, didn't you hear that part?"

　(A) He thinks that the woman was sleeping during the lecture.
　(B) He does not agree with the woman's idea.
　(C) He thinks that the woman missed part of the lecture.
　(D) He believes that the woman could not understand the lecture.

［正解：C］

　女性がゴキブリの特徴について推測を述べた後に、男性が didn't you hear that part?（その部分を聞いていなかったのかい？）と言っているので、(C)の「彼は女性が講義の一部を聞き逃したと思っている」が正解です。(A)は聞いていなかったことを示唆するものの、「女性が講義の最中眠っていた」というのは根拠のない臆測ですか

90

ら、選ぶことはできません。

○訳

会話の一部をもう一度聞きなさい。その後、質問に答えなさい。

女性：そうね、しかもほとんど見かけが変わっていない。かなりの生存技術がある
　　　はずだわ。

男性：ねえ、その部分を聞いていなかったのかい？

男性がこう言っているとき、彼は何をほのめかしていますか。
「ねえ、その部分を聞いていなかったのかい？」

　　(A) 彼は女性が講義の最中眠っていたと思っている。
　　(B) 彼は女性の考えに賛成していない。
　　(C) 彼は女性が講義の一部を聞き逃したと思っている。
　　(D) 彼は女性は講義が理解できなかったと思っている。

　例題の会話は、少しアカデミックな要素の強い内容でした。ほかには例えば、「夏
季のインターンシップをどのように行うか」などといった、学生とアカデミックアド
バイザーの会話も出題されやすい傾向にあります。

● さらに高スコアを獲得するために
　皆さんは、一期一会という言葉を知っていますか。『大辞林』によると、「茶会に臨
む際には、その機会は一生に一度のものと心得て、主客共に互いに誠意を尽くせ」と
いう意味を持つそうです。リスニング・セクションや、スピーキング・セクション
およびライティング・セクションの統合型問題では、会話や講義は「一度しか」聞く
ことができません。この一期一会の真剣勝負を勝ち取るためのリスニング集中力の
強化方法を、具体的に見ていきましょう。

1　普段の練習が結果をもたらす
　普段からリスニングの問題を解くときに、1問1問を真剣に解いてください。本
書の模擬試験は1回解いて終わりにするのではなく、問題文を暗記してしまうくら
い何回もトライしましょう。1回目で聞き取れなかったら、2回聞いてください。そ
れでもわからなかったら、スクリプトを読んでください。常に新鮮な気持ちで解く
こと、それが集中力を高めるコツです。

2　聞き取り時間を徐々に延ばす

　本書の模擬試験を一度で最後まで解いてしまう読者の皆さんはあまりいないかもしれません。しかし、本試験では、約2時間、集中力を維持しなければなりません。徐々に問題に取り組む時間を延ばしていってください。

　普段の学習でも、リスニングの時間をだんだん増やしていくとよいでしょう。英語の放送を聞いて要点をメモする学習を例に取ると、最初の週は1日5分、次の週は10分、その次の週は20分というふうに延ばしていくのです。

　本書の模擬試験も、最終的には一度で最後まで解けるよう訓練しましょう。

3　苦手意識を捨てる

　文系を専攻する人は、理系の話が嫌いなことが多いようです。しかし、理系だからわからないという意識は捨ててください。もちろん会話や講義についての背景知識を持っているほうが有利ですが、TOEFLは文系でも理系でも同じように得点できるようになっています。理系のトピックだからだ、と思った瞬間に「心のブロック」が働きます。そうなってしまうと、集中力を欠き、聞き取れるものも聞き取れなくなってしまいます。苦手意識が強い人は、理系の話題を音声で聞き取る練習を徹底的に行って、少しでも慣れるようにしましょう。

　本試験で普段の能力を100%発揮するのは困難ですが、実のところ、80%の力が発揮できれば十分です。その80%の力を出すためには、集中力を高めなければならないのです。自分に時間制限を課し、本書を徹底的に使いこなすことを心がけて勉強してください。

ちょっと一息……
Voice of Kambe

" ディクテーションのすすめ "

● ディクテーションとは

　英語の音声を聞き、聞こえたとおりにすべて書き取ることをディクテーション（dictation）と言います。この力は、リスニング・セクション以降の全セクションで必要になります。

　私は、中学のときに初めて英語に出合いました。しかし、小中高大の一貫校に中学から入学したため、小学校時代から英語を始めているクラスの中に突然放り込まれてしまいました。英語は初めて、というハンディがありましたので、NHKやAFN（当時はFEN）などの英語放送を録音して聞き取りの練習をした後に、書き取りの練習をしました。そのおかげで、入学後3カ月くらいで、単語や表現さえわかれば高校生レベルの会話やニュースを聞けるようになりました。

● おすすめディクテーション教材

a) 歌詞

　一般的にoldies（昔のポップ音楽でテンポは若干遅め）はディクテーションに向いています。カーペンターズ（The Carpenters）やママス・アンド・パパス（The Mamas and the Papas）、サイモンとガーファンクル（Simon and Garfunkel）などの曲を聞いて、歌詞の書き取りをしてみましょう。また、最近の音楽でも、バラード調のものはディクテーションが楽です。レディー・ガガ（Lady Gaga）やテイラー・スウィフト（Taylor Swift）のゆっくりめの曲で試してみましょう。答え合わせには、歌詞が表示できる動画が便利です。

b) 英語教材

　本書をはじめとするTOEFL iBTや、TOEFL ITP（団体向けのテストプログラム）、英検などの対策用教材を使うとよいでしょう。短文の会話や少し長い会話、講義などを聞き取る力がつきます。

c) 映画、ドラマ、ニュースなどを使う

　日本人の耳にはネイティブスピーカーの会話はかなり早口に聞こえます。これに慣れるには、先に述べたラジオのAFNやテレビドラマのシリーズ、そして、比較的アクションの少ない映画などを用いて、何度も書き取り練習をするとよいでしょう。

スピーキング・セクションの攻略法

手ごわいセクションなので、傾向と対策が大事です。
テンプレートなども活用しましょう。

スピーキング・セクションには独立型問題と統合型問題があります。

独立型問題（Question 1）：受験者の意見やその理由を問う問題
統合型問題（Question 2〜4）：スピーキング能力だけではなくリーディングとリ
　　　　　　　　　　　　　　スニングの能力も問われる問題

では、問題別にポイントを解説していきましょう。

● 独立型問題に取り組む際のポイント

攻略法11

毎日スピーチを練習し、英語を話すことに慣れる

1　普段の練習が重要

まずはスピーチに慣れることが大切です。毎日30分はスピーチの練習をしてくだ
さい。

2　頻出トピックに慣れる

「あなたは、図書館での勉強と自分の部屋での勉強とでは、どちらがよいと思いま
すか」など、出題されそうなトピックに対し、45秒で答えられるサンプル解答をつく
っておくとよいでしょう。

3　5W1Hに慣れる

When ／ Where ／ Who ／ What ／ Why ／ How を常に頭に思い浮かべてくださ
い。自分がしたいことについて、「何を」「どうやって」「いつ」と、英語で表現できる
ようになることが重要です。スピーキングで重視される採点基準にcoherence（一貫
性）があります。行為や好みについて、さまざまな角度から一貫した論理を明確に伝
えたスピーチが、高得点につながります。そのためにも常に、5W1Hで物事を考え
る訓練が必要となってきます。

攻略法12

２つに１つ、迷わず決める

「迷いばし」(wandering chopsticks)という言葉を聞いたことがありますか。いろいろな料理を前に、どれから食べようかなと迷って、おはしがあっちに行ったりこっちに行ったりすることです。

例えば、「学生寮に住むのと学外に住むのとでは、どちらがよいと思いますか」という設問に対し、準備時間で「学生寮も楽しそうだし、でも、うるさそうだから学外に住むのもいいかもしれない。どっちにしよう」と迷っている暇は一切ありません。設問を見た瞬間に「学生寮」、あるいは、「学外」と決めてください。

● 統合型問題に取り組む際のポイント

攻略法13

客観的事実を述べる

Question 2 からの統合型問題では、基本的に皆さんの意見を求めることはありません。読んで、聞いた内容を忠実に設問文の指示に従って答えればよいのです。

攻略法14

読解力と聞き取る力の向上が不可欠

統合型問題では、読解力と聞き取りの力の向上なくして高得点は望めません。少しでも聞こえたことを伝えれば、最低スコアは取れるかもしれませんが、いずれにしろ、リーディング・セクションとリスニング・セクションで高スコアが取れる実力が必要になります。

細かいところは後回し

リーディング・セクションとリスニング・セクションで高スコアを取っている受験者でも、スピーキング・セクションのスコアが極めて低い場合があります。これらの受験者のスピーキングを聞いていると、細かいところを詳細に述べすぎて、問われているすべての内容を話せないまま終わっています。

60秒で詳細な箇所まですべて述べるのは無理です。問われていることに最初に正確に答え、時間が余ったときのみ詳細情報を入れるようにしましょう。

文法事項を再確認しておく

次の文は、どこがまちがっているでしょうか。

When I am a junior high school student, I belonged to the kendo club.

後ろの節で、I belonged to the kendo club（剣道クラブに所属していた）と過去について述べているのに、When節では現在形を使っています。When I amの部分は、When I wasとすべきです。

時制を正しく使うことのほかに、数を対応させることや並列法なども重要です。文法を気にしすぎて話せないのも困りますが、単語の羅列では点はもらえません。常日ごろから文法的に正しい英語を話す必要があります。

Question 4では要点のみ解答する

Question 4は、アカデミックな内容の講義で要点を押さえて解答しなければなりません。リスニング力の高い受験者でも、Question 4では例を多く挙げすぎる傾向があります。講義は長いものでは2分30秒近くになります。つまり、解答時間の60秒は、すべての内容を述べるには十分な時間ではないのです。本書の模擬試験でも難易度の高い講義が含まれています。講義のメモは詳細に取るべきですが、解答は簡潔にしたほうが高スコアを狙えると考えてください。

攻略法18
テンプレートを利用する

　スピーキング・セクションで最初に取り組んでほしいことは、テンプレート（定型のサンプル）を用いて、ある程度の解答を組み立てることです。かなりの上級者を除き、多くの人のスピーチには流れがありません。テンプレートを使ってスピーチに流れをつくるようにしましょう。

独立型問題で使えるテンプレート

　まず、Question 1（独立型問題）の形式を確認しましょう。独立型問題の質問には、大きく分けて次の3つのタイプが見られます。いずれも、2つある選択肢のうちどちらを選ぶかについて、受験者の考えを問うものです。

①**State whether you agree or disagree with the following statement.**
（次の意見に賛成か反対かを述べなさい）
この文の直後に提示された文に対して、「賛成（agree）」か「反対（disagree）」かを問うタイプです。
②**Which do you think is better?**（どちらがよいと思いますか）
／**Which do you recommend?**（どちらを勧めますか）
2つの物事のうちどちらがよいと思うか、または、どちらを推薦するかを問うタイプです。
③**Which do you prefer?**（どちらを好みますか）
2つの物事のうちどちらを好むかを問うものです。

　上記の3つのタイプごとに、答え方のテンプレートを確認しましょう。

出だしの表現

①賛成か反対か
I agree/disagree with the idea that ...（私は……という考えに賛成／反対です）
②どちらがよいと思うか／どちらを勧めるか
I think A is better.（Aのほうがよいと思います）
I recommend that students (should) ...（学生が……することを勧めます）
※この文は、学生に対してどちらを勧めるかを答える際の表現です。
③どちらを好むか
I prefer ...（私は……を好みます）

※①～③共通

I have two reasons to support my answer.（私がそのように答える理由は２つあります）
First(ly), ...（まず／最初に……）
Second(ly), ...（次に／２つ目として……）
In addition, ...（加えて……）

結論を伝える表現 ※①～③共通

For these reasons, ...（これらの理由で……）
Therefore, ...（従って……）
In summary, ...（まとめると……）

　これらの表現パターンをまるごと覚えて使えるようにしておきましょう。

統合型問題で使えるテンプレート

　続いて、統合型問題で活用できるテンプレートを紹介します。統合型問題では、通常、話者が伝えていることを中心に述べます。太字部分がテンプレートです。
　Question 2や3は、パッセージと会話や講義を比較する問題です。この際には、次のテンプレートが便利です。

Question 2

The [male/female] student [complains/believes] that the announcement made by the president is [**unfair/acceptable**].
（[男子学生／女子学生]は、学長による発表は[不公平だ／受け入れられる]と[不平を言っています／考えています]）

According to the [announcement/passage], the students must ...
（[告知／パッセージ]によると、学生は……しなければなりません）

Question 3

Although the passage mentions that ～, the lecturer points out that ...
（パッセージは～と述べているものの、講師は……と指摘しています）

98

In the passage, it states that ...
(パッセージでは……と述べています)

Furthermore, the lecturer points out ... and gives the following [reasons/examples].
(さらに、講師は……と指摘し、以下の[理由／事例]を挙げています)

However, the lecturer states ...
(しかし、講師は……と述べています)

　Question 4については、内容がアカデミックで設問が多岐にわたるため、汎用性のあるテンプレートが提示しにくいのですが、それ以外の設問については、ここで挙げたようなテンプレートを活用しながら徐々に力をつけていき、流れの作り方を身につけるとよいでしょう。

　では、独立型問題と統合型問題について、攻略のポイントを見ていきましょう。

独立型問題

※音声ファイルには、準備の時間や解答時間も含まれています。まずは本番のつもりで挑戦してみてください。

○例題1　 MP3 **18**

>
>
> Some people prefer to travel as part of a tour group, while others prefer to travel by themselves. Which way do you prefer? Why? Include specific reasons and details in your response.

（解答例）　※ファイル18の後半にサンプル音声が収録されています。

I prefer to travel as part of a tour group. I have two reasons to support my answer. Firstly, by traveling in a tour group, you always have a tour guide available. A good tour guide can help a lot. For example, when I went to Hong Kong, a guide took me to a nice resort. Secondly, when you have a tour guide, you are unlikely to miss important sightseeing spots. For these two reasons, I believe having a trip in a tour group is preferable to traveling alone.

○訳

　ツアーグループの一員として旅行することを好む人もいれば、一人で旅行することを好む人もいます。あなたはどちらの方法を好みますか。なぜですか。具体的な理由や詳細も述べてください。

　ツアーグループの一員として旅行することを好みます。こう答えるのには２つの理由があります。まず、ツアーで旅行するときには、いつもツアーガイドに案内してもらえます。よいツアーガイドがいるととても助かります。例えば、私が香港に行ったとき、ガイドが素晴らしいリゾートに連れて行ってくれました。２つ目としては、ツアーガイドがいると、重要な観光スポットを見逃す可能性が低いことです。こうした２つの理由により、ツアーグループでの旅行の方が一人旅より好ましいと考えます。

　この解答例をクリアによどみなく、時間内に話せるかどうか、ぜひ自分で試してみてください。
　採点の基準となるポイントは次のとおりです。
　①よどみなく話せること（若干の時間の空きは許される）
　②発音が明瞭であること（イントネーションは多少まちがっても許される）
　③内容が一貫していること
　④正確な文法・適切な語句を用い、構文をきちんと組み立てていること

more »»»

　独立型問題のポイントをまとめておきます。

①テンプレートを使う

　解答例では、色文字の部分でpp. 97-98のテンプレートの表現を使っています。表現の組み合わせ方や話の進め方も併せて身につけておきましょう。

②言い換える

　解答例では、同じ言い回しを繰り返さない工夫をしています。to travel as a part of a tour group を traveling in a tour group や having a trip in a tour group と言い換えたり、prefer 〜を〜 is preferable にしたりと、表現に幅を持たせると、高得点に結びつきやすいでしょう。

③本音を言う必要はない

　意見を尋ねられているからといって、本音を答える必要はありません。準備時間が短いですから、最初に「こっちだ」と思ったほうか、理由を説明しやすいほうを解

答にしましょう。

統合型問題

※ p. 42のサンプル問題の設問と解答例から一部を再掲します。
　ファイル19には、以下の設問と解答例のみが収録されています。訳はp. 57にあります。

○例題2　　　　　　　　　　　　　　　　　　　 MP3 **19**

The woman expresses her opinion on the announcement made by the university. State her opinion and explain the reasons she gives for holding that opinion.

（解答例）　※ファイル19の後半にサンプル音声が収録されています。❶❷などの数字は読まれません。

The woman expresses her discomfort with the decision made by ALC University. ❶She is majoring in English literature and her study is related to the early American writers' writing styles; therefore, ❷she thinks that the new requirement to take mathematics courses is irrelevant to her further study at graduate school. ❸She specifically states that statistics will not help her study. Furthermore, ❹she complains that she may have to give up some important courses because taking three math classes will be very hard for her. In summary, she does not believe mathematics is important for her graduate work.

　色文字部分は、pp. 98-99で紹介したテンプレートやその応用です。この解答例は、重要なポイントを押さえているため、うまく話せれば満点を取れると思います。その理由を見てみましょう。

①重要なポイントを押さえている
　サンプル問題の会話（p. 42参照）で、女性は❶英文学専攻であること、❷大学院において数学が必要ないと感じていることを述べています。この2つを盛り込めば、2点になります。さらに❸統計学が自分の研究の役に立たない、❹重要な科目を選択できなくなるかもしれない、とも述べています。これらから、女性が大学の決定に賛同していないことがわかります。❹まで入れると、満点に近いスコアとなるでしょう。また❸の部分から、細かいところを理解していると見なされます。

②採点者にわかりやすい流れである

　解答例では、まず女性が大学の決定に対して不満であることを述べています。そして次に、その理由を具体的に挙げています。この流れをつくるためには、メモ書きが大変重要です。30秒という短い準備時間ですが、読んで、聞いたときに取ったメモを上手につなぎ合わせることが、高スコアへの道です。

　なお、Question 4については、前もって読むべきパッセージはありません。準備時間は20秒ですが、講義を聞きながらしっかりとメモを取り、その内容を口頭で忠実に再現できれば得点できます。

more »»»

　統合型問題で高スコアを獲得するには、複合的な能力が求められます。あきらめずに練習を積み重ね、スピーキングをはじめとする能力を伸ばしていってください。

①パッセージは最後まで読む

　Question 2と3では、表示されるパッセージの内容は、次に聞くことになる会話や講義の前提として理解しておくべきものです。リスニングが始まると、パッセージは画面から消えてしまいます。内容が100%理解できなかったとしても最後までしっかりと、あわてずに読みましょう。そして、少しでも余裕があれば重要なポイントをメモしましょう。速読力と深い理解力が求められます。

②リスニングでは詳細なメモを取る

　話されている内容をメモ書きします。これができないと、最初に読んだパッセージの内容をいくらつかんでいても、問いに答えることはできません。正確に聞き取る力が求められます。

③2種類のメモから、解答を組み立てる

　限られた準備時間内で、パッセージの内容と話された内容のメモを基に、解答に必要なポイントをつなぎ合わせます。構成力が求められます。

● さらに高スコアを獲得するために

　これまで、独立型問題と統合型問題に関し、それぞれの攻略法を考えてきました。ここで、スピーキング・セクション全体を通しての対策について見てみましょう。

　このセクションの試験時間は、約16分です。短い分、最も集中が必要と言えるでしょう。受験時にはヘッドセットをつけますが、ほかの受験者の声も聞こえます。

落ち着いて、自分のペースを保って解答するよう心がけてください。

1 独立型問題を徹底的に練習しておく

独立型問題は、受験者の意見を問う問題です。解答のまとめ方などの対策をしっかり行えば、安定したスコアを取ることが可能な問題と言えるでしょう。

2 リーディングとリスニングの力を強化する

統合型問題では、話す力だけでなく、英語を読み、聞く力も求められます。私が最近受験したときは、短い会話・講義を聞く部分では、話される英語のスピードが比較的速い印象を受けました。普段から英語を読んだり聞いたりする力を養い、試験当日は最後まで集中力を維持して臨みましょう。

3 くだけた会話表現は使わない

iBTは、大学などの授業についていけるだけの英語力があるかどうかを試すテストです。解答の際はアカデミックな場を想定し、くだけた表現はなるべく避けましょう。ここで言う「くだけた」とは、例えば次のような表現です。

You know, the new idea hits the nail on the head. I bet they'll like it.
（まあ、あの新しい考えは的を射ている。彼らは絶対気に入るはずだ）

You knowやI betをはじめ、全体的にかなりカジュアルな印象を受けます。友人とのおしゃべりならともかく、大学の教授に対してこのような話し方をすると、失礼な態度と取られかねません。スピーキング・セクションでも、アカデミックな場に適した表現を使うことが大切です。

上の例を、よりふさわしい表現にしてみましょう。これなら問題ありません。

Well, the new idea really impressed me. It will fit the situation best.
（そうですね、その新しい考えには本当に感心しました。この状況にそれは最適でしょう）

4 安定したスピードとイントネーションを維持する

私の塾の授業で気がつくのは、生徒たちは自信のない設問に対しては小さい声で解答するということです。スピーキング・セクションでは、常に自信を持って解答しなければなりません。弱々しい、無気力な声は減点対象になるでしょう。声を不自然に大きくする必要はありませんが、最初から最後まで安定した会話スピードとイントネーションを保って答えてください。

5 自分のスピーキングを録音する

録音することにより、発音矯正を行ったり、イントネーションの正しい英語を話すように意識したりできます。

録音して練習するには、以下の方法がよいでしょう。
①本書に掲載されている例題に対する答えをつくる。
②つくった解答を読み上げ、録音する。
③自分のスピーキングを聞いて「採点者の観点から」わかりやすいか、そして、流れがあるかを確認する。

日本人の受験者は、自分の声を録音して聞くことを嫌がります。しかし、採点者には皆さんの声を録音したものが届くのです。積極的に自分の声を録音してチェックし、伝わりやすい発音に近づける努力が大事です。例えばbenevolent（善意の）という単語では、はっきりbとvの発音ができていますか。neに強勢が置かれていますか。あるいは、think（〜を考える）のthは大丈夫ですか。発音の練習をする際は、比較的大きく口を開けて、1語1語はっきり話すようにしてください。こうした訓練は、最終的にはリスニング力の向上にも結びつきます。

6 重要なポイントは制限時間内に言い切る

かつてのTOEFLのスピーキングに特化した試験であるTest of Spoken English（TSE）のサンプル解答が録音されたものを聞いたことがあります。その中で日本人のものと思われる低いスコアの解答例がありました。彼女の解答の最後は「アッ、オワチャー」でした。「終わっちゃう」が途切れたのだと思います。こうしたことが起こらないよう、時間表示をしっかり見ながら解答しましょう。十分にポイントを盛り込めなくても、せめてI need to add 〜（〜をつけ加える必要があります）で、終わらせてください。

7 低音ボイスの受験者へアドバイス

私は声が極めて低く、コンピューター試験では音声判定が低く出がちです。そのため、次の2点に気をつけています。
①半音上げて話す
　普段より高めの声で話しましょう。どの程度の上げ方が適切かは、自分のスピーキングの録音を聞いて判断してください。
②少し大きめの声で話す
　ある程度大きめの声で話しましょう。また、マイクを口元に近づけましょう。ただし、試験場内に響き渡るような大きな声を出すと試験監督に注意されるので、気をつけてください。

ライティング・セクションの攻略法

最後に、ライティング・セクションの効果的な
取り組み方を紹介します。

このセクションには、統合型問題とアカデミック・ディスカッションの2つの問題があります。最初に取り組むQuestion 1は統合型問題で、次のQuestion 2はアカデミック・ディスカッションです。採点基準については、p. 62のコラムを参照してください。

● 統合型問題に取り組む際のポイント

攻略法19
パッセージと講義を比較する

統合型問題では「講義の話者は何を述べているか、パッセージと関連づけて述べなさい」と問われます。講義の概要だけでなく、パッセージの内容を踏まえて講義のポイントをつかまなければ、高スコアは望めません。この設問の解答では、講義とパッセージの内容を比較した上で、両方のポイントをまとめなくてはならないのです。つまり、パッセージの要約では点数がつかないということです。

攻略法20
出題パターンを知る

パッセージと、それに続く講義の関係によって、設問を分類しましょう。大まかには、①反論タイプ、②補足タイプの2種類に分けることができます。本番の試験では①の反論タイプが大半のようですが、②のタイプが出題されることもありますので、どちらも練習しておきましょう。

①反論タイプ
反論タイプでは、ある事柄に関して、パッセージと対立する見解が講義で述べられます。比較的解答しやすい設問タイプです。

②補足タイプ

補足タイプでは、多くの場合、講義においてパッセージの内容への補足や追加の情報が述べられます。

それぞれのタイプごとに、使える表現を見ていきましょう。

①反論タイプ

パッセージに対して講義で反論が行われていることに触れるには、次のような表現が使えます。

以下は、パッセージで「火星に生命体は存在しない」と述べられているのに対し、講義では反論している、という場合の書き出しです。

challenge（～に異議を唱える）
The lecturer argues for the possibility of life on Mars, which clearly challenges the idea stated in the passage.
（講師は、火星に生命体が存在する可能性を論じている。これは、明らかにパッセージで述べられた考えに異議を唱えるものだ）

cast doubt on ～（～に疑念を投げかける）
The lecturer casts doubt on the notion mentioned in the passage that states there won't be any life forms on Mars.
（講師は、パッセージで述べられた火星にはいかなる生命体も存在しないだろうという見解に、疑念を投げかけている）

argue against ～（～に反論する）
The lecturer argues against the perspective written in the passage that denies the existence of life on Mars.
（講師は、パッセージに書かれた火星における生命体の存在を否定するとらえ方に反論している）

②補足タイプ

パッセージに対し、講義で情報が追加されていることに触れるには、次のような表現が可能です。

以下は、パッセージで「火星に生命体が存在する可能性がある」と述べられていることを受け、講義で「NASAの探査機が水の存在の証拠を発見したので、生命体が存在できる可能性が示された」と述べている場合の書き出しです。

confirm（～を確かなものにする）

The lecturer confirms her belief that Mars can sustain life because a NASA probe found evidence of water on the planet.

（講師は、火星が生命を持続させることができるという自身の考えを確かなものにしている。その根拠は、NASAの探査機が火星に水がある証拠を発見したからである）

assert（～を強く主張する）

The lecturer asserts that the existence of life on Mars is possible, as concluded in the passage, citing the fact that a NASA probe found proof of water on Mars.

（講師は、NASAの探査機が火星に水がある証拠を発見したという事実に言及しながら、パッセージで結論付けられたように火星に生命体が存在する可能性を強く主張している）

攻略法21

パラフレーズと移行語句を活用する

　統合型問題の解答において、パッセージ内のフレーズをあまりにそのまま繰り返すと、単なるコピーと見なされ、減点対象になります。これは、アカデミック・ディスカッションで、掲示板に投稿された意見を引用するときも同様です。

　ライティング・セクションで高得点を獲得するには、次に述べるパラフレーズのテクニックと、移行句／移行語（transitional phrases/word(s)）の適切な使用が重要となります。

1　パラフレーズのテクニック

　パラフレーズとは、パッセージや講義に登場した表現を、自分の言葉で言い換える作業です。統合型問題のサンプル問題（p. 48）を見ましょう。パッセージの第1パラグラフに、次のような文章があります。

According to the theory of linguistic determinism, which states that language controls thought patterns, ❶human thoughts depend upon language and ❷if a concept does not have a name in a given language, then ❸the speakers of that language will be at a loss to imagine the concept.

解答例（p. 50）の第1パラグラフでは、この部分を次のように言い換えています。

... "linguistic determinism," which puts an emphasis on language patterns. It states that ❶ language limits the perception of its users. Thus, ❷ if their language cannot define some specific concepts, then, ❸ the people who use that language cannot imagine these concepts.

対応している箇所を番号で示しています。パッセージと同じ表現を使わずに言い換える工夫の例として、参考にしてください（それぞれの訳は p. 58、p. 59にあります）。

もう1つ、例を見てみましょう。簡潔な表現に言い換えた例です。
The detection of black holes has been a key concern of researchers in the field.
（ブラックホールの発見は、この分野の研究者の大きな関心事となってきた）

パラフレーズすると…
Many astronomers have been eager to find black holes.
（多くの天文学者が、熱心にブラックホールを発見しようとしてきた）

2　移行句／移行語の活用

移行句／移行語を用いたテンプレートを見てみましょう。

①反論タイプ
　次の2つは、反論タイプの問題でパッセージと講義を対比する場合に便利な表現です。これらは同じように使うことができます。

In the passage, it states that 〜. However, the lecturer points out that ...
（パッセージでは〜と述べている。しかしながら、講師は……と指摘している）

Contrary to the idea stated in the passage, the lecturer contends that ...
（パッセージで述べられている考えとは逆に、講師は……と主張している）

②補足タイプ
　次に挙げるのは、パッセージの内容を講義が補足しているときに使える表現です。

According to the passage it states that 〜. Furthermore, the lecturer argues that ...

（パッセージによると、〜と述べている。さらに、講師は……と論じている）

In order to support the idea mentioned in the passage, the lecturer mentions that ...

（パッセージで述べられている考えを支持するために、講師は……と述べている）

このような移行句／移行語の使い方を習得しておくと、比較的楽に短時間で文章をまとめることができます。

攻略法22

メモを最大限に活用する

私がこれまでに遭遇した統合型問題の大半は、３つほどの論点に対して、パッセージと講義の両方が意見の応酬（あるいは補足）をしているものでした。

例えば、「日光を浴びることの効果」というトピックのパッセージと講義だったとします。パッセージでは、日光を浴びることに、下の①～③の効果があると述べられているのに対し、講義では否定的な内容が述べられたとしましょう。この場合の、それぞれのメモの取り方を以下に示します（わかりやすくするため、それぞれに日本語訳をつけ、講義に登場した語句を色文字にしてあります）。

---

①vitamin D production（ビタミンDの生成）
difficult to obtain vitamin D through diet alone
（食事だけではビタミンDの摂取は難しい）
→ abundant in fish and mushrooms（魚類やキノコ類に多く含まれる）
②serotonin secretion（セロトニンの分泌）
stimulated by exposure to morning sun（朝日を浴びることで分泌が促される）
→ abundant in bananas and red-meat fish
（バナナや赤身魚などに多く含まれる）
③other effects（その他の効果）
relieve depression and insomnia（うつや不眠症を和らげる）
→ strong UV: adverse effects on the skin, cataracts
（強い紫外線：皮膚への悪影響や白内障）

パッセージをメモする際には、①、②、③の下にスペースを十分に取って、後で講義の内容をしっかりと書き込めるようにしておきましょう。

　パッセージは解答しながら再読することができます。ですから、最初にパッセージを3分で読む際は、ともかく最後まで読んで、何を言おうとしているのかを大まかにとらえながら論点を箇条書きにしましょう。そのときに、前述のように講義の内容が書けるスペースを空けることがポイントです。なお、p. 109の例では、パッセージのメモが多めに取られていますが、実際にはもっと簡単にして構いません。

　一方、講義では細かくメモを取ります。わからない固有名詞もカタカナでメモしましょう。パッセージに同じ語句が登場している可能性があり、後で理解できることもあります。

攻略法23
時間配分を考える

　解答欄にタイピングを始める前に、文章の構成を考えます。解答時間の20分を、次のように配分するといいでしょう。

メモを基に文章を構成	5分
解答のタイピング	12分
文章の見直し	3分
合計	20分

　文章の構成を考えるときに、講義を聞きながら取ったメモとパッセージを何度も見比べることが重要です。

攻略法24
自分の意見を出さない

　統合型問題は、客観的なライティング力を測ることを目的としており、アカデミックな題材について、読んで、聞いて、それらを自分なりにまとめて書く能力が試されます。そのため、2問目のアカデミック・ディスカッションとは異なり、解答に自分の意見を入れることは求められていません。あくまでも、読んで聞いた内容をまとめるのです。

次の例を見てみましょう。パッセージで「熱帯雨林では森林伐採によって多くの動物が絶滅の危機に瀕している」と述べられ、講義では「森林伐採を削減するには、焼き畑式農業をやめ、木材資源を有効活用するのがよい」との指摘が述べられたとします。それに対して、自分の意見を出してしまった悪い解答例です。

As stated in the passage, many animals have faced extinction because of deforestation. In the lecture, the professor states that people should stop conducting the slash and burn agricultural method and use alternative methods to save forests. However, I recommend a much better way to solve this problem. People have developed breathtaking genetic engineering. By using cloning technology, we will be able to save those endangered animals in the tropical forests.

（訳）
パッセージで述べられているように、多くの動物は森林伐採により絶滅の危機に直面している。講義では、教授が、焼き畑農業をやめて代替手段を用いることにより、森林を救済すべきと述べている。しかし、私はこの問題の解決にずっとよい方法を勧める。人々は素晴らしい遺伝子工学を発展させてきた。クローン技術を用いれば、こうした熱帯雨林の絶滅危惧種を救うことができるようになるだろう。

　この解答では、かなり低い得点になる可能性があります。客観性を求められる統合型問題では、決して自分の意見を入れてはいけません。パッセージや講義が自分の考えと異なっていたとしても、「これは試験」と割り切って内容をまとめましょう。

● アカデミック・ディスカッションに取り組む際のポイント

> **攻略法25**
> ## 必ず見直しの時間を取る

　アカデミック・ディスカッションでも、時間配分が非常に大切です。最初の2分程度で、しっかりした構成を考える必要があります。その後6～7分で解答を書き上げ、残り1分で確認してください。

　見直しの時間を必ず取りましょう。見直す際には、スペリングや文法のミスがないかに加え、掲示板にある教授の質問への答えになっているかを確認してください。質問から外れた解答は点数が低くなります。

攻略法26

あせらない！

解答時間が読む時間を含めて10分と短く、表示される残り時間が、残り5分になった時点で点滅します。このときにあせらないことが大切です。力のある受験者でも、この時点では30語程度しか打ち込んでいない可能性があります。5分あれば70〜80語をタイピングすることは可能です。

攻略法27

教授とクラスメートの投稿をしっかり読む

採点者はAIと人間の採点官です。文章のクオリティは主にAIが測り、議論への貢献や内容の説得力について人が確認することになるのでしょう。教授やクラスメートの発言をしっかり把握することが重要です。Question 1と異なり、専門用語は比較的少ないと思われます。ですから、落ち着いて読んで、質問とクラスメートの意見を理解しましょう。

攻略法28

ほかの人の投稿をコピーしない

この設問の採点はWriting for an Academic Discussion — Rubricsという採点基準（p. 62参照）に沿って行われます。その中で最も低い得点となる基準の1つに、The response is ... entirely copied from the prompt ...（解答が完全にプロンプトからコピーされている）というものがあります。解答の中でほかの人の書き込みを完全にコピーすると、低い得点になるのです。

では、それを避けるためのパラフレーズの仕方を見ていきましょう。以下は、p. 52のサンプル問題におけるウィリアムの投稿の第2文と、それをパラフレーズした例です。

元の投稿の文

They are educational and give me a feeling of respect toward animals.
（それら［動物園］は教育的で、動物への敬意を抱かせてくれます）

パラフレーズ例① 悪い例

William states that zoos are educational and give us a feeling of respect toward animals.

（ウィリアムは、動物園が教育的で、動物への敬意を抱かせてくれると述べています）

このように they を zoos に置き換える程度では、パラフレーズと言えません。

パラフレーズ例② よい例

William mentions that zoos (make us feel how precious animals are and that they) should be preserved as educational facilities.

（ウィリアムは、動物園は［私たちに動物がどれほど貴重であるかを感じさせてくれるものであり、］教育施設として守られるべきであると述べています）

これならば、ウィリアムの発言を理解しやすい形でパラフレーズしていることになります。どのような流れの文章をつくるか次第ですが、場合によっては（　）内を省略することもできるでしょう。

● さらに高スコアを獲得するために

1　タッチタイピング（ブラインドタッチ）は必須

ライティング・セクションでは、20分、10分という限られた時間内に、ある程度まとまった英文を書かなくてはなりません。いちいちキーを探しながら解答をタイプしていては、当然ながら時間が足りなくなってしまいます。タッチタイピングは、留学中のレポート提出時などにも必要となるスキルですから、今のうちにマスターしておきましょう。

2　文法の基礎を押さえておく

たとえ十分な長さがあり論理的に展開された解答であっても、文法的なミスが多ければ減点されます。TOEFL iBTにはITPのような文法セクションはありませんが、このライティング・セクションで、時制や数をはじめとする基本的な文法知識も測られます。文法の基礎をきちんと押さえた上で、正確な文章を書く練習を重ねておきましょう。

Memo

Chapter 4

本番同様のテストで実力チェック

iBT 模擬試験

問題形式に慣れるために、模擬試験にじっくり取り組みましょう。解いた後の復習も大切です。

模擬試験：Reading Section について

試験時間：36分

問題数：パッセージ２題（20問）

注意事項：

- 制限時間を守るため、時計またはストップウォッチを用意します。１パッセージ当たりの解答時間は18分を目標として解き進めてください。
- リーディング・セクションでは、解答の順序に制限はありません。後ろのほうの問題から解いても構いませんし、メモを取るのも自由です。
- 実際の試験では、解答中に一部の問題を後回しにすると、時間が足りなくなって「無回答」になるケースが多く、得点が低くなりがちです。この模擬試験も実際の試験と同様に、解答を後回しにしない努力をしてください。

配点：

- 素点の合計スコアは22点です。設問10と20は２点満点です。一部まちがえても、部分点が与えられます。
- 設問10と20で一部まちがえた場合は、いずれも１点となります。

リーディング・セクションでは、素点の合計が30点満点に換算されます。あくまで目安ですが、おおよそ右の表のようになると考えられますので、参考にしてください。

素点	換算値
22点	30点
20点	28点前後
18点	25点前後
15点	22点前後
13点	16点前後
10点	13点前後
8点	10点前後
5点	8点前後

Reading Section

Passage 1

Diversity of Biomass in the Rainforest

[1] The structure of rainforests is different from most other forest types because it has many layers of vegetation. These layers are called "strata." The bottom stratum is the forest floor and it is called the "understory." The understory is composed of palms, seedlings and saplings. Above the understory are one or more strata called the "midstory." The midstory is made up of woody plants, such as large shrubs and midsized trees. The top stratum is called the "overstory" and is formed by giant trees that grow up to 50 meters high. The leaves and branches of the tallest trees cover all of the other strata and capture most of the sunlight and rain, which is why the overstory is commonly referred to as the "canopy." The canopy is home to the largest amount of life in the rainforest and consists of millions of different plant and animal species. By studying these canopies, humans can learn from and understand earth's oldest ecosystems.

[2] Studies show that only 2 percent of sunlight reaches the floor of the rainforest. Understory plant species have developed special traits to cope with low light levels. Many have deep red coloring on their leaves to capture the scarce light. This red coloring enables understory plants to capture light of different wavelengths than that captured by the plants and trees in the lush, green canopy.

[3] Midstory plants, such as relatives of the banana tree, often have exceptionally large leaves for capturing what little light the canopy does not intercept. In contrast to upperstory leaves, midstory leaves can grow big because they are not dried out by the strong sunlight hitting the canopy. Vines, or climbing plants, such as rattan palms, **burgeon** in the rainforest. They can reach thicknesses of up to 25 centimeters, and survive by climbing up and between the tallest trees to gain exposure to the sunlight in the upper strata.

4 This habitat has also produced many plants that are unique to rainforest habitats. In response to the nutrient-poor soil of the rainforest, some plants use their leaves to collect falling debris from other plants located higher in the strata. The debris accumulates and forms small compost piles to be used for food. There are also insectivorous, or insect-eating plants. Pitcher plants, such as those in tropical Asia, receive nutrition from trapping insects in their leaves. Insects that land on the pitcher plant's funnel-shaped leaves easily slip into the plant's center that is full of digestive juices. Here, the insect rapidly dissolves and the nutrients become part of the plant. Another example of this dynamic interaction is the corpse lily. In addition to being the largest flower in the world, it is also well-known for its grotesque smell. This smell attracts flies that serve to pollinate the flower.

5 However, the order of the rainforest's strata is regularly disturbed by naturally occurring disruptions. For example, when a giant tree falls, it does not fall alone. **Usually, trees in the rainforest are connected by vines that pull on other trees when one of the other trees falls. The falling of one giant tree can make a large opening in the forest canopy that allows sunlight and water to reach the forest floor.** This results in a new space for plants and animals to move into.

6 Hurricanes and typhoons are another cause of disturbances in the forest that lead to regeneration. Scientists and researchers who have studied the rainforest in detail say that this occasional damage and regrowth is a vital process that leads to healthy and diverse forests.

7 Some plant and animal species are so dependent on each other that they cannot live without each other. (A) ■ For example, all fig trees are pollinated by a species of wasp. (B) ■ In return, the trees provide the only habitat for wasp eggs and larvae. (C) ■ Such interrelationships are the domain of scientists who study the effects of deforestation on local species, as well as global ones. (D) ■ The lessons being learned in the rainforest are forming an important part of world knowledge — a richness greater and longer lasting than the short-term profits and products that stem from deforestation.

Q 1

In paragraph 1, the author explains the structure of the rainforest by

(A) identifying the different plant species each layer has.
(B) showing the roles of trees in each layer.
(C) emphasizing the importance of the canopy.
(D) illustrating each layer by its height.

Q 2

According to paragraph 2, why do the understory leaves have a different coloring from the upperstory leaves?

(A) The red coloring enables leaves not to be dried up in the strong sun.
(B) Only 2 percent of red sunlight is available for the floor.
(C) The wavelengths of sunlight by the floor are quite different from ordinary sunlight.
(D) The red coloring effectively collects the light that is available.

Q 3

The word **burgeon** in the passage is closet in meaning to

(A) expand outward
(B) thrive
(C) diminish
(D) germinate

Q4

Which of the following is NOT mentioned in paragraph 4 as a unique feature of some plants?

(A) A way of collecting remains from other plants
(B) A way of attracting insects for pollination
(C) A way of breaking down insects for nutrients
(D) A way of pollinating other flowers

Q5

Which of the sentences below best expresses the essential information in the highlighted sentences in paragraph 5? Incorrect choices change the meaning in important ways or leave out essential information.

(A) Vines play an important role in making space that will be used for collecting trees, and this will accelerate further deforestation despite the richness of water and sunlight.
(B) Because the trees are interconnected by vines, a large clearing will be made when one tree falls, creating favorable conditions for the understory plants to grow.
(C) The highest trees benefit from the falling of other trees that are connected by vines, and the highest trees are nourished by water from the opening.
(D) The canopy will open up when one tree falls, so that there will be a lot of sunlight as well as water for vines.

Q6

Why does the author mention hurricanes and typhoons in paragraph 6?

(A) They cause irrecoverable damage to the rainforest.
(B) They are a threat to the life of the rainforest.
(C) They are one way to create a new habitat in the rainforest.
(D) Scientists have discovered that hurricanes and typhoons are an important source of water supply.

Q 7

According to paragraph 7, why does deforestation affect the interdependence of plants and animals in the rainforest?

(A) Plants provide habitats for animals and benefit from them.
(B) Plants provide nesting sites for insects only.
(C) All fig trees are necessary for human activities.
(D) Wasps are important local resources.

Q 8

Which of the following statements is supported by paragraph 7?

(A) In order to profit from deforestation, it is important to cut down trees as fast as possible.
(B) There is such a great diversity in plant and animal life in the rainforest that human beings should reconsider the effects of deforestation.
(C) It is plausible for scientists to recognize the variety of life in rainforests by examining any specific rainforest.
(D) The richness of the rainforest must be studied carefully in order to yield a short-term profit.

Q 9

Look at the four squares [■] that indicate where the following sentence could be added to the passage.

Without each other, these two species would likely become extinct.

Where would the sentence best fit?

Q 10

Directions: An introductory sentence for a brief summary of the passage is provided below. Complete the summary by choosing THREE answer choices that mention the most important ideas in the passage. Some sentences do not fit with the summary because they pose ideas that are not mentioned in the passage or are not main ideas in the passage. **This question is worth 2 points.**

Rainforests contain unique structures and plant life, and provide an interrelationship between plants and animals.

-
-
-

(A) There are mainly three strata in the rainforest, classified by the height of the trees.
(B) The corpse lily is a typical example of a plant attracting insects as an insectivorous plant.
(C) Naturally occurring openings will facilitate forests to regenerate habitats.
(D) Plants of the rainforest have different shapes and colors of leaves to collect water.
(E) The rainforest evolves by blocking exotic species.
(F) Plants and animals in the rainforest sometimes live interdependently.

Passage 2

A Brief History of Space Exploration

[1] In 1957, the first human-made satellite, Sputnik 1, broke the barrier of Earth's atmosphere and marked the dawn of space exploration. After that historic event, the remainder of the 20th century to the present has been a period filled with an exponential series of technological achievements and scientific discoveries. All of them took place, **when seen in hindsight**, in a short period of time and could even give the impression that space travel can be taken for granted. However, it took centuries and the extraordinary courage and intellectual fire of some notable individuals to make the dream of space flight possible.

[2] Almost all of the theories for modern rocket travel were developed between 1600 and 1900. The Italian physicist and astronomer, Galileo laid the foundations for space travel by establishing an understanding of gravity and dynamics. These findings were taken up by Isaac Newton, whose Third Law of Motion states: "Every action causes an equal and opposite reaction." This is the theoretical base for why the rearward exhaust of a rocket causes it to travel forward. Once in space, how well rockets and satellites behave is subject to an additional law — one formulated by the 17th century German astronomer Johannes Kepler. Kepler's Law states that the closer a satellite is to Earth, the faster it orbits. Armed with this knowledge, and hundreds of years after the invention of rockets, a Russian schoolteacher, Konstantin E. Tsiolkovsky, theoretically established in 1883 that a liquid-fuel rocket could enable space travel.

[3] During the opening decade of the 21st century, there were many lessons learned from earlier orbiting and landing missions. More than 20 space pilots, or astronauts, have orbited or walked on the moon; more than 100 people have lived and worked on board the International Space Station; and probes have journeyed to asteroids and every planet in our solar system. After such an array of accomplishments one wonders where we are heading and what will determine the future.

4 The future of space exploration will depend on what new technologies become available, the aims of domestic governments, how willing foreign governments are to cooperate with each other, and the level of public interest. **Finding funding for space programs has been a historical problem and this is why new ways are needed to lower overall costs of missions.** A solution that has been tried thus far is to engage international cooperation. Such is the case with the International Space Station.

5 The private sector is steadily **forging** a new arena of space travel in the 21st century. SpaceShipOne, the first privately funded spaceship, successfully took off in 2004 and established an early leadership position in space tourism. Importantly, SpaceShipOne proved that outer space is no longer the exclusive domain of governments.

6 Sooner or later, governments are likely either to form partnerships with private companies, or pool their resources in order to stay competitive and maintain the feasibility of their own programs. One of the most positive potential outcomes of this economic pressure could be a more harmonious global perspective gained by participants from working together on space voyages which in turn would benefit international relations.

7 Most government space programs seem determined to put permanent settlements on the moon and Mars — not unlike in the Antarctic — by the middle of the 21st century. (A) ■ How this can be accomplished is a subject of debate. (B) ■ Mars will continue to be visited by a succession of probe missions to gain an understanding of its environment. (C) ■ NASA wants to explore for water sources. (D) ■ Bringing simple things such as Martian soil and rock samples back to Earth has proven more difficult than expected. However, the commitment to discovering possible ways to live on the moon and Mars, whether soon or in the distant future for humans, is not likely to be abandoned.

Q 11

In paragraph 1, why does the author state **when seen in hindsight**?

(A) It has taken a long time to finally explore space.
(B) The author thinks that the first satellite was a failure.
(C) Few scientists understand the principles of space exploration.
(D) At the time achievements and discoveries did not seem to be happening so rapidly.

Q 12

According to paragraph 2, which of the following does the Third Law of Motion indicate?

(A) A rocket can travel forward, if its exhaust aims forward.
(B) A rocket can be launched at a higher speed, when it is pulled strongly.
(C) The propulsion of a rocket will be less, if the rocket travels fast.
(D) A rocket can travel forward, when it releases exhaust backward.

Q 13

According to paragraph 2, what does Kepler's Law say about a satellite?

(A) It will rotate fast when it is far from the Earth.
(B) It will rotate faster when it stays in orbit.
(C) It will orbit more slowly when it is further from the Earth.
(D) It will orbit more slowly when it is located close to the Earth.

Q 14

Which of the sentences below best expresses the essential information in the highlighted sentence in paragraph 4? Incorrect choices change the meaning in important ways or leave out essential information.

(A) No government has so far found enough funds to forward their space programs; thus, they have to stop funding new missions.
(B) Governments are trying to find new technologies to cut the cost of space exploration.
(C) In order to continue space programs, it is necessary to lower the cost of space exploration as well as to find enough funds.
(D) A vast amount of money is needed for space exploration; thus, governments are eager to find new ways of profiting from space exploration.

Q 15

The word **forging** in the passage is closest in meaning to

(A) imitating
(B) going into
(C) duplicating
(D) establishing

Q 16

According to paragraph 5, what did SpaceShipOne show?

(A) Spaceships can take off more safely than before.
(B) Space travel has become inexpensive.
(C) A private company can engage in space tourism.
(D) There are many opportunities to found an international consortium.

Q 17

According to paragraph 6, which of the following is the most probable course of action between governments and the private sector?

(A) Governments maintain their leadership over the private sector to explore space.
(B) Governments cooperate with the private sector to foster international cooperation.
(C) The private sector takes advantage of the governments' missions.
(D) Due to economic problems, governments stay away from space exploration.

Q 18

In paragraph 7, the author implies that space exploration

(A) will be abandoned due to technical difficulties.
(B) will lead to the construction of settlements on other astrological bodies.
(C) is facing difficulties in finding water resources on Mars, which can be used in the Antarctic.
(D) is providing a farming technique for use on other astrological bodies.

Q 19

Look at the four squares [■] that indicate where the following sentence could be added to the passage.

The program suffered setbacks in 1999 and 2004 due to equipment failures.

Where would the sentence best fit?

Q 20

Directions: An introductory sentence for a brief summary of the passage is provided below. Complete the summary by choosing THREE answer choices that mention the most important ideas in the passage. Some sentences do not fit with the summary because they pose ideas that are not mentioned in the passage or are not main ideas in the passage. **This question is worth 2 points.**

Human interest has led to space exploration since the times of Galileo.

-
-
-

(A) Sputnik 1 successfully proved the possibility of going into outer space.
(B) Many scientists discovered the basic principles of rocket propulsion before 1900.
(C) NASA will soon run out of funds for its missions, and then private space exploration will succeed NASA projects.
(D) Isaac Newton's theories provide the theoretical base for the use of liquid fuels.
(E) Human missions to explore outer space are impossible due to a lack of needed resources.
(F) Ongoing missions of space exploration are expected to establish settlements on the moon and Mars.

模擬試験：Listening Section について

試験時間：約45分（音声に従う）

問題数：会話または講義・討論5題（28問）

注意事項：

　非常に長い英語音声を聞かなければなりません。最初の会話（Listening 1）でメモが満足に取れなかった人は、とりあえずListening 1の設問（5問）を解いてみましょう。その後、「解答と解説」のスクリプトと解説を読み、内容を理解してから、メモを取るべきだった箇所を確認します。その上で、模擬試験に再チャレンジしてください。2度目は最後まで解いてみましょう。

- 5つの会話または講義・討論は、それぞれ約3分から6分程度の長さです。
- 音声には解答時間が含まれます。設問の後、「ポン」というビープ音に続く無音時間の間に解答してください。解答時間の終わりには「ピーン」という合図音が収録されています。音声は途中で止めないでください。
- この模擬試験では、各設問の解答時間を35秒と長めに設定しています。実際の試験では、設問の難易度に応じて解答時間を調整しましょう。
- メモ用紙の準備をしてください。特に講義・討論では、必ずメモを取りましょう。図や、キーワードとして表示される文字も重要です。会話に関しては大まかなポイントを押さえるようにしましょう。

配点：

- 基本の素点は1問1点です。素点の合計は30点となります。
- Listening 5の設問14と15の配点は各2点です。2つ／3つの正解のうち、1つまちがえた場合は1点となります。

　リスニング・セクションでは、素点の合計が30点満点に換算されます。あくまで目安ですが、おおよそ右の表のようになると考えられますので、参考にしてください。

素点	換算値
30点	30点
28点	28点前後
25点	25点前後
21点	20点前後
17点	18点前後
13点	13点前後
8点	8点前後

Listening Section

Listening 1 🔊 MP3 **20**

Q *1*

📀 **Why does the man go to see his professor?**

(A) To get materials for a paper he wrote last semester
(B) To discuss a test he is studying for
(C) To ask a question about an assignment he is working on
(D) To inform the professor of a change in his J-1 visa status

Q **2**

📀 **Why doesn't the professor give the man an extension?**

(A) She remembers that she had given the man an extension on his last paper.
(B) She thinks an extension will not make a significant difference in the outcome.
(C) She realizes that the man does not have a thesis.
(D) She knows that the man can write a strong paper by the original deadline.

Q 3

🎧 What is a problem for the man in writing his paper?

(A) He does not have sufficient information on education.
(B) Professor Lewis has not talked about the trade imbalance issue.
(C) Someone has already written about the same topic on a website.
(D) He is not an economics major.

Q 4

🎧 Why will the man probably attend the professor's class?

(A) To request an extension
(B) To get the references from the professor
(C) To hand in his paper to the professor
(D) To gather more information for his assignment

Q 5

🎧 Listen again to part of the conversation. Then answer the question.

Why does the professor say this: ∩

(A) To encourage the student to say more about his problem
(B) To offer a compromise
(C) To encourage the student to explain his thesis in full detail
(D) To indicate that she has finished listening to the man

Listening 2 🔊 MP3 21

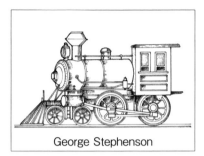

George Stephenson

Economies of Scale

Creation of Corporate Bureaucracy

Q 6

🔊 **What is the lecture mainly about?**

(A) How middle managers united to create labor unions.
(B) How transportation changed business practices and corporate structure.
(C) How agriculture made great advances while the railroad was expanding.
(D) How effectively manufacturers raised funds by issuing their stocks and bonds.

Q 7

🔊 According to the professor, what kind of contribution did George Stephenson make?

(A) He introduced foreign-made locomotives to the U.S.
(B) He enacted laws of time-keeping management for railroads.
(C) He designed the first railroad locomotive.
(D) He invented the first steam engines.

Q 8

🔊 According to the professor, how did transportation affect U.S. agriculture?

(A) The U.S. agricultural industry expanded as new markets became accessible.
(B) U.S. agriculture became able to export their products to England.
(C) Many agricultural products spoiled due to the smoke as locomotives prevailed.
(D) Small farmers went out of the farming industry.

Q 9

🔊 Why does the professor mention the term, "a corporate bureaucracy"?

(A) To suggest that a hierarchical structure is the most efficient business practice
(B) To denounce the inefficiency of the traditional corporate structure
(C) To make a clear distinction between executives and employees
(D) To illustrate how the first traditional corporate structure was created

Q 10

Listen again to part of the lecture. Then answer the question.

Why does the professor say this: ⋂

(A) To indicate the importance of creating middle managers
(B) To illustrate the importance of machine parts
(C) To show how Inefficiently middle managers worked
(D) To summarize why line managers were important for assembly lines

Q 11

According to the professor, how did pre-Industrial Revolution companies differ from modern companies?

(A) Pre-Industrial Revolution companies did not operate on such a large scale.
(B) Pre-Industrial Revolution companies fully benefited from railroad transportation.
(C) Pre-Industrial Revolution companies relied on the sales of stocks and bonds to operate.
(D) Pre-Industrial Revolution companies managed a larger flow of information.

Listening 3 🔊 MP3 **22**

Q 1

What is the main reason for the woman visiting her advisor?

(A) To discuss how much she will earn after graduation
(B) To find a job at the graduate school
(C) To learn how to get a paying job after graduation
(D) To help the advisor before his meeting

Q 2

Why does the advisor suggest working at a small newspaper?

(A) He thinks a small newspaper would suit the woman's situation.
(B) He does not like major companies.
(C) He thinks the woman has a worse chance of getting a job there.
(D) He expects the woman would have a chance of earning good money there.

Q 3

Why will the woman probably e-mail the advisor next week?

(A) To tell him that she found an internship
(B) To get more information about internships
(C) To get more information about corporate governance
(D) To hear what new information the advisor has

Q 4

Listen again to part of the conversation. Then answer the question.

Why does the advisor say this: ∩

(A) To show his approval of the woman's plans
(B) To offer an alternative that the woman might not have already considered
(C) To show the woman that there can absolutely be only one choice
(D) To offer the woman a teaching position

Q 5

The advisor mentioned all of the following EXCEPT

(A) the woman's plans for graduate school
(B) the woman's plans related to extracurricular activities
(C) the woman's ideas for her future career
(D) the woman's objectives in relation to her coursework

Listening 4 🔊 MP3 23

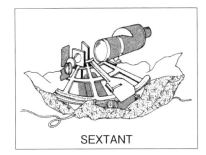

SEXTANT

Business-to-Business
→ B 2 B

Business-to-Consumers
→ B 2 C

Q 6

What is the lecture mainly about?

(A) How a common protocol universally enables business practices
(B) How the amount of business transactions will increase rapidly
(C) How pricing commodities is getting harder
(D) How websites are a facilitator of international communications

Q 7

Why does the professor mention "wrapping paper"?

(A) To show students the effectiveness of wrapping paper
(B) To develop ideas on modern forms and usages of the sextant
(C) To illustrate the importance of having things in a recognizable form
(D) To help students understand the importance of net auctions

Q 8

What was the problem of Business-to-Business computing in the 1990s?

(A) There were fewer participants in Business-to-Business computing than today.
(B) There were many protocols. Thus, many business activities were hindered.
(C) Companies used difficult protocols to decode their computing.
(D) Only a large consortium could enjoy the use of websites for their business practices.

Q 9

The professor talked about a supplier of steel in order to

(A) suggest reaping a lot of profits from selling steel.
(B) show students how Web services work effectively.
(C) acknowledge that she is an executive of a steel manufacturer.
(D) inform students that they should participate in Web services.

Q 10

⑧ **Why does the professor say this:** ∩

(A) To demonstrate how people wrap a present
(B) To let students know the necessity of wrapping presents
(C) To explain the reason why the professor was at first confused by receiving a sextant
(D) To indicate the importance of a standardized protocol

Q 11

⑧ **Why does the professor mention Business-to-Consumer music transactions?**

(A) To indicate the convenience of downloading music from Web services
(B) To recommend that students buy music from conventional stores
(C) To give students an example of how Web service directories are used
(D) To clarify the low volume of transactions performed by Business-to-Consumer Web services

Listening 5 🔊 MP3 **24**

Linear Perspective

Aerial Perspective

Van Eyck

Q 12

What is the main point of today's lecture?

(A) To introduce the use of converging lines to show linear perspective

(B) To illustrate the contrast between European and Oriental or Muslim art

(C) To clarify the political perspectives influencing Renaissance painters

(D) To explain the utilization of color and detail to represent distance

Q 13

According to the lecture, what phenomenon most directly affects the perception of distance?

(A) The wind patterns in the upper atmosphere
(B) The reflection of light from particles in the air
(C) The types of land forms on the horizon
(D) The presence of a densely populated urban area

Q 14

What were the two key factors that enabled landscapes to be accurately portrayed?
Choose two answers.

(A) The improvement of the printing press
(B) The availability of manufactured paper
(C) The development of higher quality ink
(D) The introduction of oil-based paints

Q 15

According to the discussion, which of the following are NOT reasons why oil paint became the medium of choice for painters of landscapes?
Choose three answers.

(A) It provides a wide range of color.
(B) It lends itself well to trial and error.
(C) It is cheaper than other types of paint.
(D) It allows more subtle blending of colors.
(E) It appears brighter on paper than other paints.

Q 16

🔊 **What does the professor mean when he says this:** ∩

(A) Van Eyck was the first artist to plan the backgrounds of his paintings.
(B) Many Gothic painters had backgrounds in botany or horticulture.
(C) It was unprecedented for a painter to pay so much attention to background detail.
(D) The background scenes gradually became the main focus of Van Eyck's paintings.

Q 17

🔊 **What does the student imply when she says this:** ∩

(A) Artists could now depict nature more accurately in their actual paintings.
(B) Preliminary sketches became valuable pieces of art in their own right.
(C) Earlier painters did not make tentative sketches before beginning to paint.
(D) Artists no longer worried about making mistakes when actually painting.

模擬試験：Speaking Sectionについて

試験時間：約15分（音声に従う）

問題数：4問

注意事項：

- 実際の試験では、ヘッドセット（マイクつきのヘッドホン）を使って解答します。この模擬試験では、別途レコーダーなどで解答を録音することをお勧めします。
- Begin to prepare your response after the beep. という指示の後に準備時間として15〜30秒の無音の時間があります。その後、Begin speaking after the beep. という指示があったら話し始めてください。解答時間終了を知らせる合図音が鳴ったら、スピーチを止めてください。
- 実際の試験では、会話や講義が流れている間は、場面を示す写真が画面に表示されます。
- Question 2以降は、音声ファイルの冒頭に、音声のみによる指示があります。よく聞いて進めてください。なお、Question 2とQuestion 3では、パッセージを読む時間も音声ファイル内に無音で含まれています。

※実際の試験では、パッセージを読む時間が終了した後にその文章を再表示することはできません。この模試でも、本番のつもりで、リスニングや解答の際はパッセージを見ないで取り組みましょう。

配点：

- 各問4点満点です。素点の合計スコアは16点満点となります。
- 「解答と解説」にある解答例Aは満点に近いレベル、解答例Bは換算値で10点程度のレベルです。解答例を参考にしつつ、自分自身の解答を採点してみてください。採点の基準は各問題の解説にあります。

スピーキング・セクションでは、素点の平均点（素点の合計÷4）が30点満点に換算されます。あくまで目安ですが、おおよそ右の表のようになると考えられますので、参考にしてください。

平均点	換算値
4.0点	30点
3.5点	27点
3.0点	23点
2.5点	19点
2.0点	15点
1.5点	11点
1.0点	8点

Speaking Section

Q 1　🔊)) MP3 **25**

Some students work part time to support themselves while studying. Others ask for scholarships. Which do you think is better? Explain why.

> Preparation Time: 15 seconds
> Response Time: 45 seconds

Q 2　🔊)) MP3 **26**

> Reading Time: 45 seconds

Announcement from the university council

The university council has decided to implement a new rule for every student who lives in our dormitory. Because robbery cases are a frequent occurrence these days, residents in our dormitory must close their own door securely. If you leave your own door unlocked, you will be asked to pay a fine. And in the worst case scenario, you will have to leave our dormitory. This is an important security measure intended to protect both your property and our own. Please keep in mind that we want all the residents to have a comfortable and safe college life.

The man expresses his opinion of the university council's new instructions. Describe his opinion and explain his reasons for holding that opinion.

> Preparation Time: 30 seconds
> Response Time: 60 seconds

Q 3

Reading Time: 45 seconds

North Sea Ecosystem

Scientists are expressing fears that the ecosystem in the North Sea off the east coast of the UK is in imminent danger of collapsing. Plankton forms the basis of the food chain in the region, but record high sea temperatures have been killing it off. This decline in plankton is being seen as directly responsible for falling numbers of seabirds and plummeting fish stocks. Overfishing had previously been thought to be mainly responsible for the declining fish stocks, yet despite reduced fishing quotas the stocks have not recovered.

The professor stated the reasons for the declining number of fish. Describe how these reasons are related to the declining number of fish in the North Sea.

Preparation Time: 30 seconds
Response Time: 60 seconds

Q 4 MP3 28

Using the points and examples from the lecture, explain how foreign language learners can improve their speaking ability.

Preparation Time: 20 seconds
Response Time: 60 seconds

模擬試験

Reading Section

Listening Section

Speaking Section

Writing Section

模擬試験：Writing Sectionについて

試験時間：Question 1は約26分（音声に従う）、Question 2は10分

問題数：2問

注意事項：

- 制限時間を守るため、時計またはストップウォッチを用意します。
- Question 1では、パッセージを3分で読み、同じテーマの講義を聞きます。その後、20分以内に150〜225語で解答を書きます。実際の試験と同じように、パソコンでタイプすることをお勧めします。
- 音声ファイルには、パッセージを読むための無音時間が含まれます。それに続く講義の後、設問が読まれます。それを聞いたら音声を止め、解答を書き始めてください（解答のための時間は音声ファイルに含まれていません）。
- 実際の試験では、講義を聞いているときはそのシーンが写真で表示されるため、パッセージを読むことができません。一方、解答時間中はパッセージが表示されますので、重要語句をパッセージから探し出すことができます。
- Question 2では、オンラインの掲示板における議論に貢献することを求められます。10分以内に、教授の質問とクラスメートの意見を読み100語以上で解答を書き上げてください。音声はありません（実際の試験では冒頭の指示のみ音声でも流れますが、この模擬試験では省略しています）。

配点：

- Question 1、2ともに5点満点、素点の合計スコアは10点満点です。
- Question 1では指示された語数を守りましょう。上回ったり、下回ったりした場合には、1点程度減点される可能性があります。
- 解答例を参考にしつつ、自分の解答を採点してみてください。採点基準は各問題の解説中に記載しています。

ライティング・セクションでは、素点の平均点（素点の合計÷2）が30点満点に換算されます。あくまで目安ですが、おおよそ右の表のようになると考えられますので、参考にしてください。

平均点	換算値
5.0点	30点
4.5点	28点
4.0点	25点
3.5点	22点
3.0点	20点
2.5点	17点
2.0点	14点
1.5点	11点
1.0点	8点

Writing Section

Q1

For this task, you will have 3 minutes to read a passage about an academic topic. Then you will listen to a lecture about the same topic.

You will have 20 minutes to write. In your response, provide a detailed summary of the lecture and explain how the lecture relates to the reading passage. While you write, you will be able to see the reading passage.

Now you will see the reading passage. It will be followed by a lecture.

Complex stratified societies of ants

Around the world there are thousands of different species of Formicidae, or "ants," as they are more commonly known. These usually black, brown or red insects exist the world over and fascinate scientists and laypeople alike because of their complex stratified societies. Ants are divided into castes within their colonies according to their function, and may be distinguished as workers, males and a queen.

On the whole, workers are sterile wingless females. The workers may be further sub-divided into predators, scavengers or farmers, depending on whether they are mainly involved in defending and building the nest, collecting and transporting food, or rearing the young and caring for the queen. This highly organized division of labor means that each ant is a specialist.

The size of worker ants may vary quite significantly from species to species and within the same species. For example, a young colony's workers may be much smaller than the workers of a long-established colony of the same species. Leaving this differentiation aside, in many species the workers are all the same size and shape, while other species' workers are of two distinct shapes and sizes known as minors and majors, and others still come within a size range.

Size and age determine what type of work a worker performs, with the tasks becoming progressively more arduous and dangerous. Young workers are responsible for nurturing the young; middle-aged workers look after the nest structure, carry food in and rubbish out; and older workers leave the nest to forage.

Male ants resemble wasps in appearance and they too leave the nest though this is to mate with future queens — these being the few winged females. One thing common to all species is the fact that only the queen lays eggs, making queens the most specialized specialists of all.

Directions: You have 20 minutes to plan and write your response. Your response will be scored on the basis of the quality of your writing and on how well your response represents the points in the lecture and their relationship to the passage. Usually, an effective response will contain 150 to 225 words.

Question: Summarize the points made in the lecture, being sure to explain how they respond to the specific points made in the reading passage.

Q2

In this task, you will read an online discussion. Your professor has posted a question and your classmates have responded on the discussion board. You are required to write your own response that contributes to the discussion. You have 10 minutes to write your post.

Your professor is teaching a class on education. Write a post responding to the professor's question.

In your response you should:
- express and support your opinion
- make a contribution to the discussion

An effective response will contain at least 100 words.

Dr. Fleming

Over the course of this class, we are going to discuss the benefits and disadvantages of online schooling. Our university has opened several online courses in the past three years; however, students' evaluations vary according to their preferences. Some say they prefer face-to-face learning. Others say they are content with online classes. For the discussion, please present and express your ideas on this topic. Do you think online schooling is beneficial? Why or why not?

Pam

I've just finished the basic accounting course online, and it was really beneficial because I can now register for the advanced accounting class. The advanced class is not held online, but to be able to enroll, I had to have done the basic class first. The online class is available to take anytime. Without that option, I would have had to wait until next semester.

Chris

I don't think online classes are all that useful. I took International Relations online last fall, but it didn't live up to my expectations. I studied how leaders responded, for example, to the Great Depression and nations interacted in the 1930s. But the course just covered things I'd already learned at high school — I wanted to discuss events more deeply with my classmates, but you can't discuss things online in the same way that you can in a real class. That's the reason why I prefer face-to-face learning.

Memo

Chapter 5

弱点を確認し補強

解答と解説

模擬試験を終えたら解答を確認しましょう。問題文の訳も掲載してありますので、復習に役立ててください。

正答一覧

	Reading Section		Listening Section
1	D	1	C
2	D	2	B
3	B	3	A
4	D	4	D
5	B	5	A
6	C	6	B
7	A	7	C
8	B	8	A
9	C	9	D
10	A、C、F	10	A
11	D	11	A
12	D	1	C
13	C	2	A
14	C	3	D
15	D	4	B
16	C	5	B
17	B	6	A
18	B	7	C
19	D	8	B
20	A、B、F	9	B
		10	D
		11	C
		12	D
		13	B
		14	B、D
		15	B、C、E
		16	C
		17	A

※スピーキング・セクションとライティング・セクションの解答例は、各セクションの解答と解説でご確認ください。

解答と解説　Reading Section

Passage 1

訳

熱帯雨林におけるバイオマスの多様性

[1] 熱帯雨林には数多くの植生層があるため、その構造は多くのほかの種類の森林とは異なる。こうした層は「ストラタ（層）」と呼ばれている。最下層は林床で「低木層」と呼ばれている。低木層はシュロ、苗木、若木から成る。低木層の上にある1つまたは複数の層は「中木層」と呼ばれている。中木層は大きな灌木や中木などの木本植物により構成されている。一番上の層は「高木層」と呼ばれ、高さが50mにもなる巨木で構成されている。最も高い木々の葉や枝はほかの層全体を覆い、ほとんどの太陽光や雨をとらえるが、それゆえ高木層は通常「林冠」と呼ばれる。この林冠は熱帯雨林で最も多くの生命体が生息している場所で、数百万種もの植物や動物によって構成されている。こうした林冠を研究することで、人間は地球最古の生態系から学び、それを理解することができる。

[2] 研究によって、熱帯雨林の地面に届く太陽光は全体のわずか2%であることがわかっている。低木層の植物種は、光量の少なさに対処する特性を発達させてきた。それらの多くには、微光をとらえるために葉に深い赤色がある。この赤色のおかげで、低木層の植物は、青々と繁茂する林冠の草木とは異なる波長の光をとらえることができるのである。

[3] バナナの木と同種の植物など中木層の植物は、林冠に遮られないわずかな光をとらえるために、非常に大きな葉を持っていることが多い。より上方の層の植物の葉とはちがい、林冠に当たる強い太陽光のせいで枯れることがないために、中木層の植物の葉は大きく成長できる。藤などの上へと伝っていくつる植物は、熱帯雨林で急激に成長する。つる植物は太さ25cmにもなることがあり、最も高い木々を登ったり、それらの間をかいくぐったりすることで、より上方の層に当たる太陽光を浴びて生き延びるのである。

[4] こうした生息環境はまた、熱帯雨林という生息環境に独特の植物を数多く生み出してきた。栄養素に乏しい熱帯雨林の土壌に対応し、上の層にある植物から落ちてくる残屑を葉を使って集める植物も存在する。この残屑が蓄積し、肥料となる小さな堆肥の山を形成する。そこには食虫植物、つまり虫を食べる植物も存在する。熱帯アジアに生息するような嚢状葉植物（ウツボカズラなど）は、葉で虫を捕まえることで栄養を取っている。漏斗の形をした嚢状葉植物の葉に降りた虫は、消化液に満ちたその植物の中央にいとも簡単に滑り落ちる。すると、虫は急速に溶解し、その栄

養素が植物をつくるものとなる。このような動的相互作用のほかの例として、ラフレシアがある。これは、世界で最も大きな花であることに加えて、その異様なにおいでもよく知られている。このにおいがハエをおびき寄せ、花に受粉させるのである。

⑤ しかし、熱帯雨林の層の秩序は自然に起きる破壊によって、定期的に乱される。例えば、巨木が倒れるときは、その１本だけが倒れるわけではない。通常、熱帯雨林の木々はつる植物でつながっており、木が１本倒れると、つる植物がほかの木々を引っ張るのである。巨木が１本倒れると、林冠のあった場所に大きな空間ができ、そのおかげで太陽光と水が林床にまで届く。この結果、動植物が入り込む新しい場所ができる。

⑥ ハリケーンや台風も、森林再生につながる攪乱（かくらん）を引き起こす原因の１つである。熱帯雨林を詳しく研究してきた科学者や研究者らは、この時折起こる破損と再生は健全で多様性のある森林をもたらすために、なくてはならない過程なのだと言う。

⑦ 植物や動物の種（しゅ）の中には、あまりにも相互に依存し合っているため、その相手がいないと生存できないものもいる。(A)■例えば、すべてのイチジクの木は、ある特定のハチ（イチジクコバチと言われている）の種によって受粉がなされている。(B)■その代わりに、これらの木はハチに唯一の産卵場所と幼虫のすみかを与えている。(C)■こうした相互関係は、地球全体の種と同様に地域ごとの種に対して、森林伐採が与える影響を研究している科学者らの専門分野である。(D)■熱帯雨林から得られている教訓は、世界の知識の重要な一部を形成しつつある。それは、森林伐採によって生じる短期的な利益や産物よりも、大きくて長続きする豊かさである。

Q１　正解　(D)

第１パラグラフで、筆者は熱帯雨林の構造をどんなことによって説明していますか。

(A) 各層が持つさまざまな植物種を特定することで。

(B) 各層の木々の役割を示すことで。

(C) 林冠の重要性を強調することで。

(D) 高さに応じて各層を説明することで。

解説 第１パラグラフではunderstory（低木層）、midstory（中木層）、overstory（高木層）のように高さにより植生を区分けしながら説明しています。(A)の植物の種（しゅ）や、(B)の木の役割を通して説明しているわけではありません。(C)は、確かにパッセージで上層部であるcanopy（林冠）の豊かさが述べられており正しいように思えますが、それは熱帯雨林の構造の一部にすぎません。従って(D)が正解です。

Q2 正解 （D）

第2パラグラフによると、低木層の葉がより上方の層の葉とは異なる色彩を持つのはなぜですか。

(A) 赤い色が、強い日差しで葉が枯れることを防ぐ（から）。
(B) 林床には赤色の太陽光が2％しか当たらない（から）。
(C) 林床の太陽光の波長は通常の太陽光とはかなり異なる（から）。
(D) 赤い色が、利用できる光を効率よく集める（から）。

解説 太陽光の届きにくい低木層の植物が、異なる葉の色を持つ理由を述べているのが(D)です。(B)の選択肢は「赤色の太陽光」という点が不適切です。あわてているとまちがえやすいので、気をつけてください。

Q3 正解 （B）

パッセージ中のburgeonという語に最も意味が近いものはどれですか。

(A) 外側に拡張する
(B) 繁栄する
(C) 減少する
(D) 発芽する

解説 burgeonは「急速に成長する、発芽する」という意味です。「つる植物が熱帯雨林で急激に成長する」という文脈から、「繁栄する、力強く成長する」という意味を持つ(B) thriveが最適です。対義語に近い(C)のdiminish以外の選択肢はすべて類義語ですから、文意を考えて選択しなければなりません。難易度の高い問題と言えます。

Q4 正解 （D）

いくつかの植物の特徴として、第4パラグラフで述べられていないのは次のうちどれですか。

(A) ほかの植物から残存物を集める方法
(B) 受粉のために昆虫を引き寄せる方法
(C) 栄養素とするために昆虫を分解する方法
(D) ほかの花々に受粉させる方法

解説 第4パラグラフでは、葉を使って残屑を集める植物や食虫植物を紹介しています。(A)〜(C)は、これらの植物の特徴を指していますが、ほかの植物の受粉を助けている例は述べられていません。よって(D)が正解です。

Q5　正解 (B)

第5パラグラフでハイライトされた文の必須情報について、最もよく表しているのは以下の文のうちどれですか。不正解の選択肢は、重要な点において意味が異なっているか、必須情報を省いています。

(A) つる植物は木々の収集に利用される空間をつくるのに重要な役目を担っている。また、このことは潤沢な水と太陽光にもかかわらず、森林破壊をさらに加速させることになる。

(B) 木々はつる植物により相互につながっているため、1本の木が倒れたときに大きな除伐がなされ、それが、低木層の植物の成長に好ましい条件をつくり出す。

(C) 最も背の高い木々は、つる植物によってつながっているほかの木々が倒れることの利益を享受している。また、最も背の高い木々はその空き地から水を得る。

(D) 1本の木が倒れると林冠が開ける。これによりつる植物は大量の水と太陽光を得ることになる。

> **解説**　まず、ハイライトされた2文の重要なポイントを見ましょう。
①熱帯雨林の木々はつる植物によりつながっている。
②1本の巨木が倒れるとほかの木をつる植物が引っ張る。
③その倒木により林冠のあった場所に広い空間ができる。
④このことにより、太陽光と水が林床まで届く。

このうち①から③を含んでいるのが、選択肢(B)です。④については、ハイライトされた部分に基づく推測として「低木層の植物が育つのに好ましい条件をつくり出す」と述べられています。よって(B)が最適となります。

Q6　正解 (C)

第6パラグラフで筆者がハリケーンと台風について述べているのはなぜですか。

(A) それらが熱帯雨林に対し、復旧不可能な損害をもたらす(から)。

(B) それらが熱帯雨林の生物への脅威である(から)。

(C) それらが熱帯雨林に新しい生息環境をつくる1つの方法である(から)。

(D) 科学者たちがハリケーンと台風が重要な水供給源であることを発見している(から)。

> **解説**　第6パラグラフは、第5パラグラフに続き「どのように森林が再生されるか」について述べています。パラグラフ最終文でthis occasional damage(この時折起こる破損)について、leads to healthy and diverse forests(健全で多様性のある森林をもたらす)と説明しています。従って、新しいhabitat(動植物の生息環境)をつくり出すことを述べた選択肢(C)が最適となります。

Q7　正解　(A)

第7パラグラフによると、森林破壊が熱帯雨林の植物と動物の相互依存に影響するのはなぜですか。

(A) 植物が動物に生息環境を与え、それらから恩恵を受ける（から）。

(B) 植物が巣の場所を提供するのは昆虫に対してだけである（から）。

(C) すべてのイチジクの木は人間の活動に必要である（から）。

(D) スズメバチは地域の重要な資源である（から）。

解説　第7パラグラフの趣旨は「さまざまな動植物が互恵を受けている。そのため、森林伐採（破壊）には長期的視野が必要である」ということです。設問中のinterdependence（相互依存）という語は、パッセージ中ではdependent on each otherやcannot live without each other、あるいはinterrelationshipsと表現されており、これをさらにprovide ... and benefit（供給し恩恵を受ける）と言い換えた選択肢(A)が正解です。

Q8　正解　(B)

第7パラグラフによって裏づけられるのは、次の記述のうちのどれですか。

(A) 森林伐採から利益を得るためには、可能な限り迅速に木々を切り倒すことが重要である。

(B) 熱帯雨林の植物と動物の生活にはとても大きな多様性があるため、人間は森林伐採の影響を再考すべきである。

(C) 科学者たちが、特定の熱帯雨林を検証することにより、熱帯雨林の生命の多様性を認識するのはもっともなことである。

(D) 短期的な利益を生み出すためには、熱帯雨林の豊かさを注意深く調査しなければならない。

解説　第7パラグラフの終わりで、「短期的視野ではなく、長期的視野から森林伐採を考えなければならない」といった内容が述べられています。そのことを理由とともに述べた(B)が正解となります。(C)に関しては、Such interrelationships are the domain of scientists ...（こうした相互関係は、……科学者らの専門分野である）の文から、科学者たちのテーマが動植物の「多様性」というより「相互関係」であること、また特定の熱帯雨林を検証しているわけではないとわかるため、適切ではありません。

Q9 正解 （C）

パッセージに次の文を追加できそうな場所を示す、4つの四角（■）を見なさい。

お互いなくしては、それら2つの種はおそらく絶滅してしまうだろう。

この文が最もよく当てはまる場所はどこですか。

解説 these two species（これら2つの種）が指し示す「これら」が前になければならないので挿入位置は (B) 以降だとわかります。しかし、(B) の位置に挿入すると、In return, ... の文がうまくつながりません。また (D) 以降は、内容がより大きなテーマとなります。「お互いなくしては絶滅する」という挿入文の内容を考えると、相互に与える恩恵を述べた直後の (C) の位置が最適です。

Q10 正解 （A）（C）（F）

指示事項：パッセージの短い要約の導入文が、以下に与えられています。パッセージ中の最も重要な考えを述べている選択肢を3つ選び、要約を完成させなさい。いくつかの文は、パッセージ中で述べられていない考えを提示しているか、あるいはパッセージの主旨ではないため、この要約には当てはまりません。**この設問の配点は2点です。**

熱帯雨林には独特な構造と植物の生態があり、また、植物と動物の相互関係を提供している。

(A) 熱帯雨林には主に3つの層があり、それは木々の高さで区別される。
(B) ラフレシアは、食虫植物として昆虫を引き寄せる植物の典型例である。
(C) 自然に生じる空間は、森林の生息地の再生を促進することになる。
(D) 熱帯雨林の植物の葉は、水を集めるためにさまざまな形や色をしている。
(E) 熱帯雨林は、外来種の侵入を阻害することにより発展する。
(F) 熱帯雨林の植物と動物は、相互依存して生きることがある。

解説 まず、第1パラグラフで述べられている熱帯雨林の木の高さによる区分けに言及した (A) が選択できます。次に、第5および第6パラグラフで述べられて、さらに設問6にも関連している (C) を選択します。また、動植物の相互依存に言及した選択肢の (F) も第7パラグラフに述べられています。(B) ではラフレシアを食虫植物と述べていますが、ハエによる受粉を行う植物ですからこれは誤りです。(D) は、微光をとらえられる赤色の葉についての説明が第2パラグラフにあるものの、水を集めることには触れられていないので、誤りです。(E) の外来種については、本文中に出てきません。時間がある場合には消去法を用いますが、時間がない場合には全問正解を目指さずに、正しそうな選択肢を選んで、そのまま次のパッセージに進みましょう。

Passage 2

訳

宇宙探査小史

1 1957年、人類史上初の人工衛星スプートニク1号が地球の大気圏の境界を破り、宇宙探査の夜明けを告げた。その歴史的出来事の後、20世紀中から現在に至るまでは、技術上の成果と科学的発見が急激に数多く誕生した時期となっている。それらのすべてが、後になって考えてみると短期間で起こり、宇宙旅行も当たり前のことになるという印象さえ与え得るものだった。しかし、宇宙飛行という夢を実現可能なものにするためには、何世紀という時間と、一部の際立った人材のたぐいまれな勇気と知的情熱が必要だったのである。

2 1600年から1900年にかけて、現代のロケット飛行に関する理論のほぼすべてがつくり上げられた。イタリアの物理学者であり天文学者だったガリレオは、重力と力学に対する理解を確立したことで、宇宙飛行の基礎を築いた。こうした発見はアイザック・ニュートンによって取り上げられ、「運動の第三法則」に次のように述べられている。「すべての作用は大きさの等しい反作用を発生させる」。これが、後ろに排出されるロケットのエネルギーが前に進む力となる理由の理論的基礎である。いったん宇宙へ出れば、ロケットや衛星がどのような動きをするかはもう1つ別の法則に支配される。それは17世紀のドイツ人天文学者ヨハネス・ケプラーによって定式化された法則である。ケプラーの法則では、衛星が地球に近ければそれだけ速く地球の周りを回るとしている。この知識によって武装し、ロケットの発明から数百年後、ロシア人教師コンスタンチン・E・ツィオルコフスキーが、液体燃料ロケットで宇宙飛行が可能となることを1883年に理論的に立証した。

3 21世紀最初の10年間には、以前の軌道周回および着陸の任務から多くの教訓が得られた。20人を超す宇宙パイロット、つまり宇宙飛行士が軌道を周回したり、月面を歩いたりしてきた。100人を超す人たちが国際宇宙ステーションに住み、そこで働いてきた。そして、探査機が小惑星へ、そしてわれわれの住む太陽系にあるすべての惑星へと旅立っている。そうした数々の業績を成し遂げた今、われわれはどこへ向かい、何が未来を決定づけるのだろうかと人は考える。

4 宇宙探査の未来は、どのような新技術が利用できるか、各国政府の目的、政府間での相互協力に対する意欲、そして一般市民の関心の度合いに左右されるであろう。宇宙計画のための資金調達先を探すことが歴史上ずっと問題になっており、このために、任務にかかる総費用を抑える新たな方法が求められている。これまでに試みられた解決策は、国際協力を行うことである。国際宇宙ステーションがその事例に当てはまる。

5 民間部門は、21世紀の宇宙旅行の新たな舞台を着実に構築している。民間資金に

よる初の宇宙船、スペースシップワンは2004年に離陸に成功し、宇宙観光の初期段階における主導的地位を確立した。重要なのは、スペースシップワンが、宇宙空間はもはや政府専用の領域ではないと証明したことだ。

⑥ 遅かれ早かれ、各国政府はおそらく、民間企業と提携するか、あるいは競争力を維持して自身の計画の実現可能性を保持するために、資源を共同で蓄えるだろう。この経済的圧力が生み出す最も有益な可能性の1つは、宇宙旅行にともに取り組むことによって参加各国が得る、より協調性ある世界的視座であろうし、それは結果として国際関係に利益をもたらすだろう。

⑦ 政府による宇宙計画のほとんどは、21世紀半ばまでには、南極の場合とほぼ同じような形で、月と火星に永住地をつくることに決めているようだ。(A)■これをどのようにして成し遂げることができるかが論点となる。(B)■火星には、その環境を把握するため、任務を負った探査機が次々と送られるだろう。(C)■NASAは水源の探査をしたいと考えている。(D)■火星の土や岩の見本などといった単純なものを地球まで持ち帰ってくるのは、予想されていたより難しいことがわかっている。しかし、月や火星に住むための可能な方法を発見しようという意欲は、それが人類にとって早い時期であれ遠い未来のことであれ、断念されることはないであろう。

Q11　正解▶（D）

第1パラグラフで、筆者はなぜ「後になって考えてみると」と述べているのですか。
- (A) ついに宇宙を探査するようになるまで、長い時間がかかった（から）。
- (B) 筆者は最初の人工衛星は失敗だったと思っている（から）。
- (C) 宇宙探査の原則を理解している科学者がほとんどいない（から）。
- (D) 当時は業績や発見がそれほど急速になされていると思われなかった（から）。

解説 when seen in hindsightは「後になって考えてみると」という意味です。Howeverから始まる次の文の内容に引きずられて(A)を選択しがちですが、ここでは無関係です。前文で「技術上の成果と科学的発見が急激に数多く誕生した時期」について述べており、これについて「後になって考えてみると、そのすべてが短期間のうちに起こった」と補足している流れから、(D)が正解となります。

Q12　正解▶（D）

第2パラグラフによると、運動の第三法則は次のうちのどれを示していますか。
- (A) 排気口が前を向いていれば、ロケットは前方に進むことができる。
- (B) ロケットは、強く引っ張られたときは、より高速で打ち上げできる。
- (C) ロケットが高速移動する場合、ロケットの推進力はより低くなる。
- (D) ロケットは、後方に出力を排出した場合、前方に進むことができる。

解説 第2パラグラフで、運動の第三法則が「物体の作用・反作用」を述べたものだと説明されています。続く文の This is the theoretical base for why the rearward exhaust of a rocket causes it to travel forward.（これが、後ろに排出されるロケットのエネルギーが前に進む力となる理由の理論的基礎である）を言い換えた (D) の選択肢が正解となります。

Q 13   正解 （**C**）

第2パラグラフによると、ケプラーの法則は人工衛星についてどんなことを述べていますか。

(A) 地球から遠く離れているとき、高速回転する。

(B) 軌道にとどまっているとき、より高速に回転する。

(C) 地球からより遠くにあるとき、よりゆっくりと軌道周回する。

(D) 地球に近い位置にあるとき、よりゆっくりと軌道周回する。

解説 第2パラグラフ中盤に Kepler（ケプラー）の名が登場します。Kepler's Law states that the closer a satellite is to Earth, the faster it orbits.（ケプラーの法則では、衛星が地球に近ければそれだけ速く地球の周りを回るとしている）とあります。逆に言えば、地球からより遠くの軌道を回れば、その軌道周回速度が遅くなるのです。従って (C) が正解となります。

Q 14   正解 （**C**）

第4パラグラフでハイライトされた文の必須情報について、最もよく表しているのは以下の文のうちどれですか。不正解の選択肢は、重要な点において意味が異なっているか、必須情報を省いています。

(A) 宇宙計画を進めるために十分な資金にありついている政府は、これまでのところ1つもない。従って、新しい任務への資金提供を停止しなければならない。

(B) 各国政府は、宇宙探査の経費を削減する新しい技術を見つけようとしている。

(C) 宇宙計画を継続するためには、十分な資金を見つけると同時に、宇宙探査の費用を下げることが必要である。

(D) 宇宙探査には莫大な量の資金が必要である。従って、各国政府は宇宙探査から利益を得るための新たな方策を熱心に見つけようとしている。

解説 まず、ハイライトされた文の重要なポイントを確認しましょう。

①宇宙計画には十分な資金調達が不可欠である。

②宇宙計画ミッションのコスト削減が重要となる。

この2点に関することを述べている選択肢 (C) が最適です。ポイントをメモしておくと短時間で正解にたどり着けます。

Q15　正解 **（D）**

パッセージ中のforgingという語に最も意味が近いものはどれですか。

(A) 〜をまねしている
(B) 〜の中へ進んでいる
(C) 〜を複製している
(D) 〜を設立している

解説　forgingの原形のforgeは中難易度の語で「〜の型をつくる、〜を構築する」という意味です。民間団体による宇宙旅行事業が進んでいるのは皆さんもご存じでしょう。その類義語としては、「〜を設立する」という意味を持つestablishの-ing形である(D)が最適です。消去法を用いれば、(A)と(C)は意味が近いため除外できます。forgeの意味がわからない場合、(B)は残念ながら文脈に合う文をつくってしまうため、誤答する可能性があります。まちがえた人は語彙力を増強しましょう。

Q16　正解 **（C）**

第5パラグラフによると、スペースシップワンはどんなことを示しましたか。

(A) 宇宙船が以前より安全に離陸できる(こと)。
(B) 宇宙旅行が安価になっている(こと)。
(C) 民間企業が宇宙観光に関与可能である(こと)。
(D) 国際的な共同事業体を設立する機会がたくさんある(こと)。

解説　第5パラグラフの要旨と、最終文 Importantly, SpaceShipOne proved that ...（重要なのは、スペースシップワンが……を証明したことだ）の内容が理解できていれば、答えを選ぶことができます。パラグラフの前半部分では、スペースシップワンが民間資金で宇宙行きを実現したこと、最終文では、それが「宇宙空間が政府専用の領域ではない」と証明したことが述べられています。つまり「民間資金でも宇宙旅行ができる」と示したことになるので、正解は(C)です。

Q17　正解 **（B）**

第6パラグラフによると、政府と民間部門の間で最もなされそうな行動は次のうちどれですか。

(A) 宇宙探査のため、政府が民間部門の上に立ち、リーダシップを維持する。
(B) 政府が民間部門と手を取り合い、国際協力を促進する。
(C) 民間部門が政府の任務を利用する。
(D) 経済的問題のため、政府が宇宙探査から距離を置く。

解説 第6パラグラフの冒頭で政府と民間部門との提携の可能性が述べられた後、2文目にOne of the most positive potential outcomes（最も有益な可能性の1つ）として国際協調への言及があります。従って、(B)が最適であることがわかります。

Q 18　正解　(B)

第7パラグラフで、筆者は宇宙探査について何をほのめかしていますか。

(A) 技術的困難のため、放棄されるだろう。

(B) ほかの天体に居住地を築くことにつながるだろう。

(C) 南極で使うことができる水資源を、火星で見つける難しさに直面している。

(D) ほかの天体で利用できる農耕技術を提供している。

解説 第7パラグラフの最初の文で、月と火星に永住地を築くことについて述べられているので、正解は(B)です。(C)は「南極で使うことができる水資源」という点で、パラグラフの内容と異なります。この段階になると、残り時間が気になりますが、しっかりと選択肢を読みましょう。

Q 19　正解　(D)

パッセージに次の文を追加できそうな場所を示す、4つの四角(■)を見なさい。

この計画は、機器の故障のため、1999年と2004年に後退を余儀なくされた。

このセンテンスが最もよく当てはまる場所はどこですか。

解説 文頭にThis programとあるので、ある特定の計画について述べた部分の後に続くと推測できます。(C)の前までの部分では、Most government space programs（政府による宇宙計画のほとんど）や、a succession of probe missions（探査機による連続した任務）といった複数の計画や任務について述べられており、挿入文にうまくつながりません。(D)の位置に入れると、This programが「水源探査」を指すことになり、自然な文章となります。また、(C)までの部分では宇宙計画についてネガティブな記述が特になく、一方で(D)の直後では「困難」について述べられている、という内容上の流れもヒントになります。

Q 20　正解　（A）（B）（F）

指示事項：パッセージの短い要約の導入文が、以下に与えられています。パッセージ中の最も重要な考えを述べている選択肢を３つ選び、要約を完成させなさい。いくつかの文は、パッセージ中で述べられていない考えを提示しているか、あるいはパッセージの主旨ではないため、この要約には当てはまりません。この設問の配点は２点です。

人間の関心は、ガリレオの時代から、宇宙探査へとつながってきた。

(A) スプートニク１号は、宇宙空間へ行ける可能性を見事に証明した。

(B) 多くの科学者たちが、1900年までにロケットの推進力の基本原理を発見した。

(C) NASAでは間もなく任務のための資金が枯渇するだろう。その後、民間企業による宇宙探査がNASAの計画を引き継ぐだろう。

(D) アイザック・ニュートンの理論は、液体燃料活用のための理論的基礎を提供するものである。

(E) 必要な資源がないため、人間による宇宙空間探査の任務は不可能である。

(F) 継続中の宇宙探査の任務には、月と火星に居住地を設立するという期待がかかっている。

■解説■　時間配分を誤らなければ、比較的楽に答えられる設問です。第１パラグラフの１文目から、スプートニク１号の成功がもたらした功績を述べた(A)が選択できます。第２パラグラフの１文目から、基本原理の数々が1900年までに発見されたことを伝える(B)が選択できます。最終パラグラフから、月や火星に居住地をつくることを期待されていると述べている(F)を選択できます。

　複数選択する必要がある設問では、「正解の選択肢を探す・適さない選択肢を探す」の両面から選択肢を検討すると、楽に解答できます。また、リーディング・セクションの最終問題ですから、時間が少し余った場合には、消去法を用いて再確認しましょう。

解答と解説 | **Listening Section**

Listening 1

🔊 MP3 **20**

スクリプト・訳

Listen to a part of conversation between a student and professor.

Student: Excuse me, Professor Miller?

Professor: Hi, Andrew. I see you're right on time for our appointment. Do you want to begin?

S: Yes, Professor. Thank you for making time.

P: Not a problem. So, how are you? I hope nothing is going wrong with your mid-term paper.

S: No, no. I mean, I have a topic that I'm really excited about. And I've been talking to Professor Lewis about issues in technology transfer and higher education reform in China.

P: Well, Professor Lewis is a great person to talk to about that. But I'm just a little concerned that you might have trouble formulating your own ideas. Do you have a thesis for your paper?

S: Yes. Professor Lewis has gone over the complex structure of transferring technologies and the reverse effects on the U.S. economy. He said that the trade imbalance has been created between Japan and us because of the technology transfer in the 1950s. I mean, that some technology transfers may harm the source country. That's what I have learned so far, and I have some statistics on the issue.

P: Oh, that's a relief. You know, I just had someone in here yesterday who didn't even have a thesis even though the paper was due that very afternoon. I had no choice but to lower his grade.

S: Oh, that's too bad.

P: **Q5** Anyway, it sure sounds like you've made the right first steps. How are you finding your ground, though?

S: Oh. Well, that's the problem, Professor Miller. I've been having a lot of trouble finding the right references. Although Professor Lewis gave me some ideas on technology transfer, I couldn't find the right sources on higher education.

P: Let's see. Have you looked at the readings on Dr. Shivani's website?

S: No, not yet.

P: Have a look at what she has to say on the implications of technology transfer and the outcome of higher learning in India. You might be able to take something from her findings. Also, take a look at Fan's work that's in the library. It's on reference for my seminar class. They're not very long — at most 100 pages. You'll probably find them an easy read, and you can use some figures from them. I think you'll find a lot in there from the Chinese perspective, too.

S: Thanks, Professor Miller. Then, also, would it be OK if I took an extension for this paper?

P: Andrew, do you really feel like you need an extension? I believe talking with Professor Lewis and looking at the readings I mentioned will immediately lead you to the right place.

S: Well, I don't know how I'll be able to organize everything in time. I mean my topic is very broad, and I have to focus on something specific. I really want to write a good paper.

P: Andrew, let me just remind you of the policy with late papers. Every day that it's late, it falls a grade. If you want to turn your mid-term in this Friday, the best I can give you is a B.

S: I understand that, Professor Miller.

P: Do you still want to hand it in late?

S: It's not that I want to hand it in late. I just don't feel like I have any other option to hand in a better thesis. That's why I —

P: Why don't we do this? Show me an outline of what you have by Wednesday. If I feel like it could benefit from another day, then I will give you until Friday at 5 o'clock to finish it without penalty. Otherwise, I think you should just give me what you have and move on.

S: I see what you're saying. Sorry to have bothered you, Professor Miller.

P: No one is being bothered, Andrew. I just want to see you succeed in this class.

S: I see. Thanks, Professor Miller.

P: Oh, one other thing. I changed the order of the lectures. I'm going to be giving the comparative lecture on cost-sharing in Chinese and American education this week instead of at the end of the semester ... I don't think you'd want to miss it.

S: Will do.

学生と教授の会話の一部を聞きなさい。

学生：ミラー教授、よろしいですか。

教授：こんにちは、アンドリュー。約束の時間きっかりね。始めましょうか。

学生：はい、教授。時間をつくっていただきありがとうございます。

教授：いいのよ。それで、調子はどう？　中間テストのレポート作成に問題がない
　　　といいんだけど。

学生：そんなことはありませんよ。実際、とてもわくわくするテーマを持っていま
　　　すので。そして、これまでずっとルイス教授に、中国における技術移転と高
　　　等教育改革について話をしてきています。

教授：ああ、ルイス教授はそれに関する話をするにはもってこいの人ね。でも、私
　　　はあなたが自分の考えを系統立てるのに苦労しているんじゃないかと少し心
　　　配しているのよ。レポートの論旨はできているかしら。

学生：ええ。ルイス教授が、技術移転とそれがアメリカ経済にもたらす逆効果の複
　　　雑な構造を説明してくださいました。教授は、1950年代の技術移転が原因で
　　　日米間に貿易不均衡が生まれたとおっしゃいました。つまり、技術移転はも
　　　ともとその技術を持っている国に損害を与えかねないと。それがこれまで学
　　　んだことで、この問題に関する統計資料をいくらか持っています。

教授：ああ、それはよかったわ。実は、昨日ここに来た学生はその日の午後がレポ
　　　ートの締め切りだというのに、論旨さえできていなかったのよ。彼の成績を
　　　落とすしかなくて。

学生：それは残念ですね。

教授：まあ、あなたは確実にいいスタートを切ったようね。でも、どうやって根拠
　　　を探していくの？

学生：あっ。あの、それが問題なんです、ミラー教授。いい参考資料を探せなくて
　　　困っているんです。技術移転についてはルイス教授がいくらか教えてくださ
　　　いましたが、高等教育に関する適切な情報源が見つからなくて。

教授：そうねえ。シバニ博士のウェブサイトに載っている見解を読んだことはある
　　　かしら。

学生：いえ、まだありません。

教授：インドにおける技術移転と高等教育がもたらすであろう影響についての、博
　　　士の意見を読んでごらんなさい。彼女の研究結果から何かつかむことができ
　　　るかもしれないわ。それから、図書館にあるファン氏の著作も見てみなさい。
　　　私のゼミの参考文献になっているのよ。さほど長くないし、せいぜい100ペー
　　　ジね。たぶん両方とも読みやすいし、そこに載っている統計からいくつか引
　　　用できるわ。中国の見方からも多くの発見があると思うし。

学生：ありがとうございます、ミラー教授。それから、このレポートの期日を延ば
　　　していただけないでしょうか。

教授：アンドリュー、本当に締め切り延長が必要だと思っているの？　ルイス教授
　　　と話し、私が教えた文献を読めば、すぐに解決すると思うのだけれど。
学生：あの、どうやったら期日までにすべてを構成できるかがわからないんです。つ
　　　まり、テーマが非常に広く、何か具体的なことに焦点を合わせなくてはなり
　　　ません。ぜひ、よいレポートを書きたいと思っているのですが。
教授：アンドリュー、いいかしら、期日を過ぎたレポートに対する方針をもう一度
　　　言うわね。1日遅れるごとに、成績は1段階落ちます。もしあなたが中間レ
　　　ポートを今週の金曜日に出したいと言うなら、よくてもBしかあげられない
　　　のよ。
学生：それはわかっています、ミラー教授。
教授：それでも遅れて提出したいの？
学生：遅れて提出したいわけではありません。ただ、よりよいレポートを出すには
　　　それよりほかに方法がないような気がして、それで……。
教授：ではこうするのはどう？　水曜までにあなたが用意できるものの概略を見せ
　　　てちょうだい。もう1日あればよくなるだろうと私が思ったら、罰則なしで
　　　金曜日の5時まで仕上げる時間をあげましょう。そうでなければ、用意した
　　　ものを私に提出してそれであきらめることにしなさい。
学生：おっしゃることはわかりました。お手間をかけてすみませんでした、ミラー
　　　教授。
教授：手間だなんて誰も思っていないわ、アンドリュー。私は、ただあなたにこの
　　　科目でいい成績を取ってもらいたいだけなの。
学生：わかりました。ありがとうございます、ミラー教授。
教授：ああ、あともう1つ。私の講義の順番を変更したの。中国とアメリカの教育
　　　における費用分担の比較に関する講義を、今学期の最後ではなく今週にする
　　　つもりです。聞き逃したくないわよね（※つまり、レポート制作に有益なので
　　　出席しなさい、ということ）。
学生：ええ（出席します）。

Q1　　正解　（C）

男性が教授に会いに行っているのはなぜですか。

    (A) 前の学期に自分が書いたレポートの素材を入手するため

    (B) 受けるために勉強しているテストについて話し合うため

    (C) 取り組んでいる課題について質問するため

    (D) J-1ビザの状況が変わったことを教授に伝えるため

解説 全体の会話の流れを考えましょう。会話の最初にmid-term paper（中間レポート。中間試験として点数がカウントされる）が登場しており、後半にはextension（延長）という語が何度も登場します。以上から、assignment（宿題、課題）について触れている(C)が正解です。

Q2 正解 （**B**）

なぜ教授は男性に期限延長を認めないのですか。
- (A) 前回のレポートの際に男性に延期を認めたことを覚えている（から）。
- (B) 延期しても成果に大きなちがいは生じないと考えている（から）。
- (C) 男性が論旨を用意していないことを理解している（から）。
- (D) 男性が当初の期限までに優秀なレポートを書けることを知っている（から）。

解説 選択肢(B)と(D)で悩む設問です。教授は、与えたさまざまなアドバイスによってよいレポートが書ける可能性を、学生である男性に示唆しています。しかし、彼は期限までに仕上げられるかどうか不安でいます。教授は期限延長を渋りながら、最終的に妥協案として、水曜日までに提出された概略を見て、延期する意味があるか判断すると述べています。やりとりの流れから、教授は(D)のように「当初の期限までに優秀なレポートが書ける」と思っているのではなく、延期することでレポートの出来が変わるのかを疑問視していると考えられるので、正解は(B)です。

Q3 正解 （**A**）

男性はレポートを書く上で何に困っているのですか。
- (A) 自分が教育に関する十分な情報を持っていない（こと）。
- (B) ルイス教授が貿易不均衡の問題について話していない（こと）。
- (C) 誰かがすでにウェブサイト上で同じトピックについて書いている（こと）。
- (D) 自分が経済学専攻ではない（こと）。

解説 学生が、Oh. Well, that's the problem ... I've been having a lot of trouble finding the right references. ... I couldn't find the right sources on higher education.（あっ。あの、それが問題なんです……。いい参考資料を探せなくて困っているんです。……高等教育に関する情報源が見つからなくて）と述べていたところが聞き取れましたか。教育に関する参考文献が見つかっていない、つまり、それについての情報が足りないということです。(B)、(C)、(D)については、述べられていません。

Q4 　正解　(D)

男性がおそらくこの教授の授業に出席することになるのはなぜですか。

(A) 期限延長を依頼するため

(B) この教授から参考文献をもらうため

(C) この教授にレポートを提出するため

(D) 課題のためにさらなる情報を得るため

解説　会話の最後で教授が I'm going to be giving the comparative lecture ... in Chinese and American education ... I don't think you'd want you to miss it.（中国とアメリカの教育における……比較に関する講義をするつもりです。聞き逃したくないわよね）と述べています。男性が中国の教育に関する情報を求めていることを知った上で、こう教えてくれていると考えられるので、(D) が正解となります。

Q5 　正解　(A)

会話の一部をもう一度聞きなさい。その後、質問に答えなさい。

"Anyway, it sure sounds like you've made the right first steps. How are you finding your ground, though?"

（まあ、あなたは確実にいいスタートを切ったようね。でも、どうやって根拠を探していくの？）

教授はなぜこう言っているのですか。

"How are you finding your ground, though?"

(A) 学生が自分の問題についてもっと話すよう促すため

(B) 妥協案を提示するため

(C) 学生に論旨の全詳細を説明するよう促すため

(D) 男性の話はもう聞き終えたことを示すため

解説　(A) か (C) かで迷いそうな設問です。教授はここで、学生が正しい方向に進んでいることを確認したものの、さらなる情報集めの方法を心配しています。この一言を受けて、学生は「（実は）その問題で困っている」と打ち明けています（その内容が設問3の答えです）。つまり教授の一言は、学生の抱えている問題を聞き出す働きをしているわけです。従って、正解は (A) です。(C) も正解の候補となり得ますが、in full detail（論旨の全詳細を）という点が不適切です。その後も教授はほぼ根拠の探し方のみを話題にしており、全詳細の説明は求めていません。

Listening 2

スクリプト・訳

Listen to part of lectuire in a business class.

Professor: For the last several decades, the most common job in America and Japan has probably been the middle manager. Well-satirized by comic strips like Dilbert, the hardships and stresses of office workers are very familiar. Despite a tendency to regard the role of the full-time middle manager as the ultimate in ordinary career paths, not long ago, there was a time in American history when this job had yet to be created. Interestingly, the trains by which so many office workers shuttle to and from work can be seen as the very origin of their existence. What I mean is that, without the expansion of transportation, well — today's lecture in this case is about locomotives — the revolutions in agriculture and industry that took place in the United States between 1815 and 1914 may never have happened.

George Stephenson designed the first railroad locomotive in 1829. Initially, his goal was to transport coal. Stephenson's design paved the way for many domestically built models in the U.S. Now, let me think of how locomotives influenced many industries.

First, agriculture was one area; there, locomotives played a pivotal role in history. Put simply, trains made modern American agriculture possible. At a relatively high speed, agricultural goods could be moved across greater and greater distances. As a result, farmers were able to produce more without fear that the foodstuffs would perish on their way to the markets. As a result, the area of each farm's market dramatically increased, thus allowing farmers to take advantage of "economies of scale" that were previously unthinkable.

The fact that farmers were now able to access a larger market meant that they could take advantage of large-scale farming technology that would not have given the necessary financial returns if used on a smaller scale. The use of mechanized equipment and practices became commonplace in U.S. agriculture. Many entrepreneurial farmers became rich and the industry was no longer seen as inferior to other newer industries. So, you'll understand, railroads improved not only the practices of farming but also its image as a profession.

The same thing happened to manufacturers. Before this transportation revolution, manufactured products were made and sold on a small scale. Most of a manufacturer's money was in inventory and accounts receivable, not buildings and machinery for the future expansion of their businesses. Well, the business was, in a sense, stagnant. In a break with the past, Americans started creating giant enterprises that harnessed tremendous amounts of minerals and fossil fuels.

Businesses such as Standard Oil and Carnegie Steel brought together huge stocks of natural resources and unprecedented quantities of modern machinery to mass-produce goods for domestic and international markets. Meeting these demands was now possible because of the railroad industry and the first-ever industrial corporations. By reducing costs and increasing speed, railroads and the telegraph opened up regional and national markets. As manufacturers sought to reach these larger markets, they altered prior business practices and monitored business closely and efficiently.

However, millions of dollars in investment capital was required to create the railroad network — sales of stocks and bonds created the cash to do so. Meanwhile, in order for the railroads to function and avoid accidents, the activities of thousands of employees over hundreds of miles had to be coordinated.

These train companies were among the first to create a corporate bureaucracy. This became what we now know as the traditional corporate structure and style of management. At the top of the organization, executives focused on the long-term future of the railroad by plotting expansion, setting prices, and working with local politicians. At the bottom of the corporation, employees were hired across large distances for day-to-day duties.

Now, railroads had to manage a large flow of information. This stream of information enabled the company to operate efficiently and it was handled by a new class of worker — the middle manager. Middle managers served to coordinate the flow of information between customers and regional staff.

Q10 Please think what would have happened if parts for machine makers had been delayed. Their assembly lines would have had a problem; then, the line manager would have had to stop his line. Therefore, to avoid delays, railroad managers were required to keep track of their freight.

These changes in the movement of goods forever changed the way we live and work. The developments stemming from the Industrial Revolution have been so pervasive that we rarely stop to question them or wonder why our lives are managed.

Nowadays, as new generations of management continue to inherit past business practices we can see that the changes that were brought about by the developments in transportation during the Industrial Revolution are still, as we say in the business world, a "going concern."

ビジネスの講義の一部を聞きなさい。

教授：ここ数十年の間、アメリカと日本における最も一般的な仕事は、おそらく中間管理職でしょう。『ディルバート』などの漫画で十分皮肉られているように、会社員の苦労とストレスは非常によく知られたところです。正社員の中間管理職の役割を通常の昇進の道における究極的なものであるととらえる傾向があるものの、アメリカの歴史の中ではこうした職が世の中にまだなかった時代がつい最近までありました。面白いことに、多くの会社員が通勤の往復に使う列車が、まさにその職の存在の起源と考えることができます。私が何を言いたいかというと、交通手段の発展なくしては、まあ——今日の講義の場合、機関車に関することですが——アメリカ合衆国で1815年から1914年の間に起きた農業および工業の革命は決して起きなかっただろうということです。

　1829年にジョージ・スティーブンソンが初の鉄道機関車を設計しました。当初、彼の目的は石炭を輸送することでした。スティーブンソンの設計が多くのアメリカ国産モデルに道を開いたのです。では、機関車がどのようにしてさまざまな産業に影響を与えたかを考えてみましょう。

　まず、農業がその１つの分野です。そこでは機関車が歴史上極めて重要な役割を果たしました。簡単に言うと、列車のおかげでアメリカの現代農業が可能となったのです。比較的速いスピードで、農産品をどんどん遠くに運ぶことが可能になりました。その結果、農家は農産物が市場に着くまでに腐ってしまうのではないかと心配することなく、より多く生産することができました。そして、各農場にとっての市場となる地域が急速に拡大し、そのために農家は以前には考えられなかったような「規模の経済」を活用できるようになったのです。

農家は以前よりも大きい市場に生産物を届けられるようになったため、小規模農業で使った場合には必要な利益が出ないような大規模農業向けの技術を、利用することができるようになりました。機械化された道具や手法がアメリカの農業では常識となりました。起業家精神にあふれた多くの農業経営者が潤い、農業という産業はもはや、ほかの新しい産業に比べて劣っているとは見られなくなったのです。われわれが知っているとおり、鉄道は農業の慣行だけでなく、職業としてのイメージも改善したのです。

　同様のことが製造業者にも起きました。この輸送革命以前は、工業製品は小規模で製造販売されていました。製造業者の資金はほとんど、自社の将来における業務拡張のための建物や機械にではなく、在庫と売掛金に使われていました。まあ、ある意味ではビジネスは停滞していたのです。アメリカ人は過去と決別し、莫大な量の鉱物や化石燃料を利用する巨大企業をつくり始めました。

　スタンダード・オイル社やカーネギー鉄鋼社などの企業は、国内外市場に向けた製品を大量生産するため、蓄積された大量の天然資源と、それまでにはなかったほど多くの現代的な機械とを結びつけました。鉄道産業と史上初の工業会社により、これらの需要を満たすことが可能となりました。経費を削減し、スピードを速めることで、鉄道と電信は地域および全国の市場を開拓しました。製造業者はこのより大きな市場に参入したいと考え、それまでのビジネスの慣行を変えて、ビジネスを綿密かつ効率的に監視するようになったのです。

　しかし、鉄道網をつくるには何百万ドルもの投資資本が必要でした。株や債券を売ることで、そのための現金が調達されました。一方で、鉄道を機能させ、事故を防ぐために、数百マイルもの範囲に存在する何千人もの従業員による業務活動を調整する必要があったのです。

　こうした鉄道会社が、企業内官僚制を生み出す先駆けとなりました。この制度が、伝統的企業組織および管理体制として現在私たちが知っているものとなったのです。組織の頂点にいる幹部らは、事業拡大の構想を立て、値段を設定し、地域の政治家に働きかけることで、鉄道の長期的な将来に目を向けました。組織の下部では、日々の業務を行うために長距離にわたって従業員が採用されました。

　そこで、鉄道は大量の情報の流れを管理しなくてはならなくなったのです。この情報の流れのおかげで会社を効率的に運営することができ、それを新たな階級の社員が処理したのです。それが中間管理職となりました。中間管理職は顧客と地方のスタッフとの情報の流れを調整する役割を果たしました。機械製造会社へ供給する部品の配送が遅れたとしたらどうなっていたか考えてみてください。組み立てラインに問題が生じ、そのために、ライン管理者は生産を止めなくてはならなかったでしょう。そこで、遅延を回避するために、鉄道会社の管理職には貨物輸送の状況を把握することが要求されたのです。

　物品の輸送に関するこのような変化が、私たちの生活や仕事の方法を二度と戻ら

ない形へと一変させました。産業革命に起因する発展があまりにも普及してしまったので、私たちはその発展を疑問視したり、自分たちの生活がなぜ管理されているかを考えたりするためにあえて立ち止まることをほとんどしないのです。

　今日、新しい世代の経営者たちが過去のビジネス手法を引き継ぎ続けており、私たちは、産業革命時の輸送(手段)の発展によってもたらされたこのような変化を、今でも、ビジネスの世界の用語で言うところの、「継続企業の前提」と見なすことができます。

Q6　正解　(**B**)

この講義は主に何についてのものですか。
(A) 労働組合をつくるためにどのように中間管理職が結束したか。
(B) 輸送手段が、どのようにビジネスの慣行と企業の構造を変えたか。
(C) 鉄道が拡大する中、どのように農業が大きく進歩したか。
(D) 製造業者が株式や債券を発行することにより、どのくらい効率的に資金を獲得したか。

解説　講義の主旨は、鉄道の発展によりさまざまな産業で会社組織と業務の慣行が変容し、中間管理職の出現に至った、ということです。(C)の選択肢の内容は正しいのですが、講義の一部であり主なテーマとは言えません。講義全体の主旨を伝えているのは(B)です。

Q7　正解　(**C**)

教授によると、ジョージ・スティーブンソンはどのような貢献をしましたか。
(A) 外国製機関車をアメリカに導入した。
(B) 鉄道向けに時間管理の法律を制定した。
(C) 最初の鉄道機関車を設計した。
(D) 最初の蒸気機関を発明した。

解説　講義の中で教授は、George Stephenson designed the first railroad locomotive in 1829.(1829年にジョージ・スティーブンソンが初の鉄道機関車を設計した)と述べています。同じ内容をほぼ同じ表現で説明した(C)が正解です。このように、ある程度集中していれば正解できる設問は、なるべく落とさないようにしましょう。

$Q8$ 正解 （**A**）

教授によると、輸送手段はアメリカの農業にどのように影響しましたか。

(A) アメリカの農産業は、新市場がアクセス可能になったことで拡大した。

(B) アメリカの農業は、イギリスに農作物を輸出することができるようになった。

(C) 機関車が普及するにつれ、吐き出す煙のせいで、多くの農作物がだめになった。

(D) 小規模農家が農産業から撤退した。

解説 Economies of Scale（規模の経済）という手書き風の文字をチェックしましたか。この設問では、表示されたキーワードが助けになります。輸送手段の発展により、新しい市場にアクセス可能となり経営規模が拡大したわけですから、(A)が正解です。

$Q9$ 正解 （**D**）

教授はなぜ「企業内官僚制」という用語に触れているのですか。

(A) 階層構造が最も効率のよいビジネス実践の形であることを示唆するため

(B) 伝統的な企業組織の非効率性を非難するため

(C) 管理職と従業員を明確に区別するため

(D) 最初の伝統的企業組織がどのようにつくられたのかを説明するため

解説 (A)か(D)かで迷う設問です。鉄道会社の拡大と発展を述べる中で、a corporate bureaucracy（企業内官僚制）が、traditional corporate structure（伝統的企業組織）として私たちが知っているものになった、と説明されているので、(D)が正解です。(A)の「hierarchical structure（階層構造）が最も効率的である」という内容は述べられていません。

$Q10$ 正解 （**A**）

講義の一部をもう一度聞きなさい。その後、質問に答えなさい。

"Please think what would have happened if parts for machine makers had been delayed. Their assembly lines would have had a problem; then, the line manager would have had to stop his line."

（機械製造会社へ供給する部品の配送が遅れたとしたらどうなっていたかを考えてみてください。組み立てラインに問題が生じ、そのために、ライン管理者は生産を止めなくてはならなかったでしょう）

教授はなぜこう言っているのですか。

"Please think what would have happened if parts for machine makers had been delayed."

(A) 中間管理職をつくることの重要性を示すため

(B) 機械部品の重要性を説明するため

(C) 中間管理職がどれほど非効率に仕事をしていたのかを示すため

(D) 組み立てラインのためにライン管理者が重要であった理由を要約するため

解説 難易度の高い設問ですが、こうした実践的な設問（pragmatic question）の攻略がTOEFL iBTでは重要です。抜粋された部分の前後で何が話されていたかを考えながら答える必要があります。前の部分では、鉄道会社において、情報の流れの調整役として中間管理職が生まれたという経緯が説明され、また、直後の部分ではTherefore, to avoid delays, railroad managers were required to keep track of their freight.（そこで、遅延を回避するために、鉄道会社の管理職には貨物輸送の状況を把握することが要求された）と話されています。つまり、中間管理職の重要性を述べるために機械のパーツの遅延の話をしているにすぎないことを認識してください。(B)を選んだ人は、講義の流れを把握しきれていないということになります。

Q11 正解 (A)

教授によると、産業革命前の企業は、現代の企業とどのような点で異なっていましたか。

(A) 産業革命前の企業は運営がそれほど大規模ではなかった。

(B) 産業革命前の企業は鉄道輸送から存分に恩恵を受けた。

(C) 産業革命前の企業は運営のために株式と債券の売却に依存していた。

(D) 産業革命前の企業は情報の広範なやりとりを実践していた。

解説 この設問では、講義のテーマでありアメリカの産業に革命を起こしたと述べられている「輸送革命」より前の会社組織はどのようなものであったかを考える必要があります。規模の経済の観点から、(A)を選択することができます。消去法で考えた場合、(B)、(C)、(D)は輸送革命後の企業について述べられている内容ですから除外できます。

Listening 3

スクリプト・訳

Listen to part of a conversation between a student and an academic advisor.

Student: Mr. Reed, I was hoping to talk to you about what I'm going to do after I graduate.

Advisor: I can make time now. But I have a meeting in an hour. Why don't you take a seat while I just bring up your file on my screen, and we can talk for 30 minutes ... Here we are. So, what are your ideas for what you want to do?

S: I'm pretty sure I want to work at least a year before I start grad school.

A: OK. What kind of career path are you looking towards?

S: I'm an English writing major doing a second major in media studies, so I was really hoping to get a paying job at one of the leading news agencies in the city. I want to work as a journalist and focus on corporate governance and national politics.

A: Being close to Washington is already a good start. Doing a second major can expand your career opportunities, no doubt. But most of the major hirers in the city will only take you as an intern for the first one to three months ...

S: That's what I'm afraid of. The main concern I have after graduation is my student loan. I love my classes, but I don't know if I'll be able to make enough when I get out there in the job market.

A: Q4 To be honest, it's not pretty. The average starting salary for English majors who go into writing, editing or teaching is usually in the area of $30,000. Teaching pays more, but it doesn't seem to be what you're really inclined to do. If you were interested in an internship, I could probably give you some reliable leads.

S: No, but thank you. So, my other question would be: where should I start?

A: Start small. Maybe working for CNN or the AP isn't the best first-choice for you. A small local newspaper might be more rewarding, especially if you'll be going back to school after a year.

S: That makes sense. I'll do a little legwork of my own and see what I come up with after our meeting.

A: Another thing that you might want to do, is look at some job possibilities that you really think you want in the immediate future, and then see what classes you can take that will link with them. It could give you that extra edge when you go into an interview.

S: I hadn't thought of that. Thanks, Mr. Reed. I think you helped me out.

A: That's what I'm here for. Anyway, why don't you send me an e-mail in a week? You have my e-mail address, don't you?

S: Yes.

A: OK, and by that time, I may be able to find some more information that will help you.

学生と学習アドバイザーの会話の一部を聞きなさい。

学生：リードさん、卒業後の進路についてお話がしたかったのですが。

アドバイザー：今なら時間をつくれるよ。でも１時間後にミーティングがあるから。君のファイルを（コンピューターの）画面に出すから座って。30分間話ができるね……。よし出てきた。それで、何をしたいと考えているのかい。

学生：大学院に行く前に少なくとも１年は働きたいという気持ちはかなり固まっているのですが。

アドバイザー：それで、どんな方面の仕事をしようと考えているのかい。

学生：私は英語表現法を専攻していて、第２専攻がメディア研究なので、市内の主要通信社の１社で有給の仕事に就けたらと強く思っているのです。ジャーナリストとして働き、コーポレートガバナンス（企業統治）と国内政治に重点的に取り組みたいのです。

アドバイザー：君はワシントンの近くにいることで、すでによいスタートを切っている。第２専攻を持っていることが、就職の機会を広げてくれるのもまちがいない。でも市内の主な企業はほとんど、最初の１～３カ月はインターンとしてしか雇わないからね。

学生：それを心配しています。卒業後の私にとって主に気になるのは（返済が必要な）奨学金のことです。自分の取っている授業はとても好きなのですが、就職市場に出たら十分なお金を稼げるかどうかわかりません。

アドバイザー：<u>正直なところ、あまり多くはないね。英語を専攻して執筆や編集や教職に就いた学生の平均初任給は、普通３万ドルあたりだろう。</u>教職のほうが給料はいいけれど、それは君が本当にやりたいことでもなさそうだし。インターンシップに興味があれば、確実なつてをいくつか教えることができると思うけど。

学生：ありがたいのですが、興味はありません。それから、もう１つ質問があって、どこから始めるべきなのでしょうか。

アドバイザー：小さいところから始めるべきだろう。CNNやAPのようなところで働くのは、君にとって第１の選択肢として最適とは言えない。小さな地方の

新聞社のほうが得るものは多いかもしれない。特に1年後に復学しようとしているのならね。

学生：確かにそうですね。この話し合いの後に、少し自分で調査してみて、どんなことが見つかるかを見てみたいと思います。

アドバイザー：もう1つやってみるといいと思うのは、近い将来に本当にやりたいと思う仕事をいくつか考えて、それに関連してどんな授業が取れるかを調べてみることだ。面接に臨んだときにそれが君にとって別の強みになる可能性があるだろう。

学生：それは考えたことがありませんでした。ありがとうございます、リードさん。助かりました。

アドバイザー：私はそのためにここにいるんだよ。いずれにしても、1週間後にメールを送ってほしい。私のメールアドレスは知っているね。

学生：ええ。

アドバイザー：了解、そして、そのときまでには私も君に有益な情報をもっと見つけられるかもしれない。

Q1 正解 （C）

女性がアドバイザーを訪ねている主な理由は何ですか。

　(A) 卒業後にどのくらい稼ぐことになるのか話し合うため

　(B) 大学院で仕事を見つけるため

　(C) 卒業後に有給の仕事を得る方法を知るため

　(D) アドバイザーの会合の前に、彼を手伝うため

　　解説　仕事を探すためのアドバイスをもらっていることはわかったと思います。また、仕事に就いた後に大学院に進学することも述べていますから、(D)以外のすべての選択肢が正しく思えてしまうかもしれません。しかし、(B)の大学院での(学内の)仕事の話は出てきません。給料については会話に出てきますが、それを論じることが訪問の主目的とは言えないので(A)も消去できます。このように消去法を用いれば(C)が選択できます。

Q2 正解 （A）

アドバイザーはなぜ小規模の新聞社で働くことを提案しているのですか。

　(A) 小規模の新聞社が女性の状況に合うだろうと思っている（から）。

　(B) 大企業が好きではない（から）。

　(C) 女性がそこで仕事を得る可能性が低いと考えている（から）。

(D) 女性がそこでたくさんお金を稼げる可能性があるだろうと予想している（から）。

解説 Start small. ... A small local newspaper might be more rewarding, especially if you'll be going back to school after a year. （小さいところから始めるべきだろう。……小さな地方の新聞社のほうが得るものは多いかもしれない。特に1年後に復学しようとしているのならね）とアドバイザーが述べています。お金だけではなく、いずれ大学に戻ることを考えれば地方紙のほうがよいと述べているので、(A)が正解です。rewarding は、「（経験などを含めた）得るものがある」という意味の形容詞です。

Q3　正解 （**D**）

女性がおそらく来週このアドバイザーにメールを出すのはなぜですか。

(A) インターンシップを見つけたことを報告するため
(B) インターンシップについてさらに情報を得るため
(C) 企業統治についてさらに情報を得るため
(D) アドバイザーがどんな新情報を持っているかを聞くため

解説 アドバイザーが最後に述べている OK, and by that time, I may be able to find some more information ... （了解、そして、そのときまでには……情報をもっと見つけられるかもしれない）という部分から(D)を選択できます。ほかの選択肢が容易に消去できるため、正解しやすい設問です。

Q4　正解 （**B**）

会話の一部をもう一度聞きなさい。その後、質問に答えなさい。

"To be honest, it's not pretty. The average starting salary for English majors who go into writing, editing or teaching is usually in the area of $30,000. Teaching pays more, but it doesn't seem to be what you're really inclined to do."

（正直なところ、あまり多くはないね。英語を専攻して執筆や編集や教職に就いた学生の平均初任給は、普通3万ドルあたりだろう。教職のほうが給料はいいけれど、それは君が本当にやりたいことでもなさそうだし）

アドバイザーはなぜこう言っているのですか。

"Teaching pays more, but it doesn't seem to be what you're really inclined to do."

(A) 女性の計画に賛意を示すため

(B) 女性がまだ考えていないかもしれない代替案を提示するため

(C) 女性に、まちがいなく選択肢がたった 1 つしかないことを示すため

(D) 女性に教師の職を提供するため

解説　アドバイザーは念のためという意味合いで、教職の給料が高いことを述べています。従って、女性が考えていないであろう代替案を示して確認する」という趣旨の (B) が正解です。(D) は、「(すでに空きがある) 教師の職を提供する」という意味ですから不適切です。

Q5　正解　(B)

アドバイザーが述べていないことはどれですか。

(A) 大学院に向けて女性が立てている計画

(B) 課外授業に関する女性の計画

(C) 将来のキャリアに関する女性の考え

(D) 履修授業に関連した女性の目的

解説　アドバイザーは、課外授業 (extracurricular activities) に関しては述べていませんので、(B) が正解です。なお、大学院での研究などの話はしていませんが、「1 年働いた後で大学院に戻る」という女性の計画について触れているので、(A) については述べていると言えます。

Listening 4

スクリプト・訳

Listen to part of a lecture in a sociology class.

Professor: Today's class is going to focus on something you are all very familiar with. The rapidity and breadth by which the Internet has been accepted is an anomaly in history. It's invisibility — and often the customers' invisibility — as a way of conducting business is remarkable. The Internet is responsible for the remarkable versatility in global business today. It has spawned a number of related products and services, and one of those services that are poised to expand exponentially is: Web services. "Web services" is not transactions or support performed over the Web. It is something entirely different. Allow me to use a metaphor to explain. You know when you take an ordinary thing and put some wrapping paper over it, the item changes, right? What does that item become? Anyone?

Student: A present?

P: Yes. That item is re-identified as a "present." We look at it, scan it and read or interpret it in a different way. Say if I brought you a tool from 300 years ago, such as a sextant, and showed it to you, you probably wouldn't know what to do with it. You might not recognize it. You might not even know what to call it. **Q10** But if I wrapped it, you would initially know what you were getting, that is called a present, and there would be no confusion. Now imagine I could make a wrapping paper that had special abilities. And these abilities could include giving you directions for how to call, use, and store the sextant or whatever was inside. And imagine this was done in nanoseconds. "Why?" you may ask would I be imagining such a product? Well, at the height of the 1990s dot-com era, "Business-to-Business" computing, or B2B, was one of the hottest topics. Everyone was talking about the revolution B2B would bring. This revolution stalled. It crashed for one reason. Can anyone guess?

S: Wasn't it because the computers from each business couldn't recognize each other, or something almost stupid like that?

P: Protocols. Right. No one's system could recognize or communicate with another's except for, like, a large consortium of automakers and parts makers. Now that's where Web services are coming in. Web services use standardized software like the wrapping paper I described. Imagine this

183

software like the artist Christo wrapping every existing computer system or data center that a business has. After being wrapped, whatever is inside is sent to a directory. This allows any company to browse this directory, access and use whatever has been "wrapped." Business-to-business is made possible regardless of protocol, legacy systems or devices. An array of problems that had appeared are corrected. Verifying business partners, inventory, availability, billing, et cetera can all be done with Web services' directories. Now, think of me as a steel supplier for an automobile manufacturer, and I want to expand my business. I will bid on a certain project; then, I can reduce the price because I don't have to send my correspondent to the customer's office. As you know, once we used to assume that the price would be determined where the amount of supply and demand equated within the limits of a given border, in other words, within a country. However, now this pricing system works globally and the division of labor is greatly internationalized. Even a small company can benefit from the new pricing system, and ...

S: But we have already had a global society since the 20th century. What changes have been made?

P: All right, then, think of purchasing a digital camera. In this case, the transaction is called "Business-to-Consumers" or B2C. Now, you find it easy to buy the camera with the lowest price on a website; this browsing capability is a unique characteristic of Web-trading. You can download music ... the latest hip-hop, rock or whatever you're into ...

S: Yeah, I do that, and its delivery cost is "zero."

P: You can say that again! Pricing mechanisms have been changing. Internet transactions, and B2B and B2C transactions especially, are expected to eclipse the most popular way humans have done business for millennia.

社会学の講義の一部を聞きなさい。

教授：今日の授業は、皆さんがとてもよく知っていることに焦点を合わせていきます。インターネットが受け入れられてきた速さと幅広さは歴史上異例なものです。ビジネスを行う上でのその不可視性——多くの場合、顧客の顔が見えないこと——ですが、これは特筆すべきことです。インターネットは今日の国際ビジネスにおける驚くべき多用途性の原因となっています。それは多数の関連商品やサービスを生み出してきており、そのサービスの中で飛躍的に広がる態勢にあるのがウェブサービスです。「ウェブサービス」とはウェブ上で行われる取引やサポートのことではありません。それとはまったくちがう

ものです。比喩を使って説明しましょう。何ということはないものを手に取ってそれを包装紙で包むと何かに変わりますね。それはどんなものになりますか。誰か答えてください。

学生：プレゼントですか。

教授：そうです。その品物は「プレゼント」というものに再定義されます。私たちはそれをちがった観点から、見たり、細かく調べたり、読んだり解釈したりします。例えば、もし私が、六分儀（航海用分度器）のような300年前の道具を持ってきて、皆さんに見せたとします。おそらく皆さんはそれをどうしたらいいのかわからないでしょう。それが何であるかがわからないかもしれません。名称すらも知らないかもしれません。しかし、私がそれを包装すれば、もらえるのはプレゼントと呼ばれるものであることが最初からわかり、戸惑いはないでしょう。それでは、私には特殊な能力を持った包装紙をつくることができると想像してみてください。そして、その能力とは、先ほどの六分儀であれ、何であれ、中に入っているものの呼び方、使い方、保管の仕方に関する指示を与えることもできるとしましょう。さらに、こうしたことが瞬時に行われると考えてください。「なぜ」私がそのような製品を想像するのかと疑問に思うかもしれません。1990年代のドットコム時代絶頂期には、「企業間電子商取引」、つまりB2Bが最新テーマの１つでした。誰もがB2Bのもたらす革命の話をしていました。この革命は、ある理由により、行き詰まり、大失敗となりました。誰かその理由がわかりますか。

学生：それぞれの会社で使っていたコンピューターが互いに認識できなかったとか、何かそうしたほとんどばかげたことだったのではないですか。

教授：プロトコル（コンピューター間でデータを通信するためのルール）ですね。そうです。例えば、自動車製造会社と部品製造会社といった大きな企業共同体以外では、相手のシステムを認識したり、それと通信したりすることができなかったのです。現在、そこがウェブサービスが入り込みつつあるところなのです。ウェブサービスは、先ほど説明した包装紙のように標準化されたソフトウエアを使用しています。１つの会社にある現行のコンピューターシステムやデータセンターをすべて、美術家クリストのように包んでしまう、こうしたソフトウエアを想像してみてください。包装された後、中身に関係なくすべてがディレクトリ（ウェブ上でデータなどを格納するための目録、あるいは、住所などのようなもの）に送られます。これによって、どんなコンピューターでもこのディレクトリを閲覧したり、「包装」されたものになら何でもアクセスしたり、それを使ったりできるようになるのです。企業間電子商取引は、プロトコル、レガシーシステム（古くから使われている技術の下でのシステム）や機器に関係なく可能です。過去に起きた数々の問題は修正されています。取引先、在庫、出庫可能状況、請求などの確認は、すべてウェブサー

ビスのディレクトリで行うことができます。それでは、私が自動車製造会社に鉄を納品している業者だと考えてください。私は事業を広げたいと考えています。あるプロジェクトに入札しようと考えていますが、そのとき、顧客の会社に連絡係を出向かせる必要がないため、価格を下げることができるのです。知ってのとおり、かつては一定の境界線内、言い換えれば、国内で需給バランスが取れるところで価格が決まることを前提としていました。しかし、今やこうした価格設定は世界全体でなされ、分業は極めて国際化されています。小企業でさえこうした新しい価格設定のシステムの恩恵を受けることができ、そして……。

学生：でも、国際社会というものはすでに20世紀からあります。どのような変化があったのですか。

教授：わかりました、それでは、デジタルカメラを買うことを考えてみましょう。この場合の取引は、「企業・消費者間電子商取引」またはB2Cと呼ばれます。さて、ウェブサイトではそのカメラを最安値で買うのは簡単なことです。この閲覧機能はウェブ取引独特の特徴です。また、音楽をダウンロードすることができます。最新のヒップホップ、ロックなど興味のあるものなら何でも……。

学生：ええ、僕もやっています。それにその配送料は「ゼロ」です。

教授：まさにそのとおりです。価格決定のメカニズムは変化してきています。インターネット取引、その中でも特にB2BおよびB2C取引は、数千年もの間人類が行ってきた最も一般的な商売の方法の影を薄くすると考えられています。

Q6　正解 (A)

この講義は主に何についてのものですか。

(A) 汎用プロトコルがどのように普遍的にビジネス活動を可能にするか

(B) ビジネスの取引量が(今後)どのように急激に増えるか

(C) 商品の値づけがどのように難しくなってきているか

(D) ウェブサイトが国際コミュニケーションをどのように促進しているか

解説 講義の基本的な内容は、ウェブサービスがいかにビジネスの概念を変化させているかです。(B)と(C)は、ウェブサービスに関連していないので消去できます。また、ビジネスに関する内容を含まない(D)も不適切と言えるでしょう。包装紙の話を用い、標準化されたプロトコルの重要性を述べているので、(A)が正解です。

Q7　正解　（**C**）

教授が「包装紙」について述べているのはなぜですか。

(A) 学生たちに包装紙の有効性について示すため

(B) 六分儀の現代の形と使用法について考えを発展させるため

(C) 物事を認識可能な形にすることの重要性を説明するため

(D) 学生たちがネットオークションの重要性を理解する手助けをするため

　解説　教授は、wrapping paper（包装紙）のたとえを用い、物事を認識可能にすることの意義を説明しています。After being wrapped, whatever is inside is sent to a directory.（包装された後、中身に関係なくすべてがディレクトリに送られる）という状況を説明しているのです。設問6が正解できれば、答えやすいでしょう。

Q8　正解　（**B**）

1990年代の企業間電子商取引の問題は何でしたか。

(A) 現在よりも、企業間電子商取引への参加者数が少なかった。

(B) 数多くのプロトコルがあった。そのため、多くのビジネス活動が阻害された。

(C) 企業は、電子商取引の内容解読のために難しいプロトコルを使っていた。

(D) 大規模な企業共同体だけが、ビジネス手法としてウェブサイトを使うことができた。

　解説　学生の発言Wasn't it because the computers from each business couldn't recognize each other, ...?（それぞれの会社で使っていたコンピューターが互いに認識できなかった……ではないですか）と、それに続く部分に注意しましょう。教授はその発言を受けて、当時のプロトコルの話をしています。ここをメモした人は(B)を選べたはずです。「難しいプロトコル」とは言われていないので、(C)は誤りです。

Q9　正解　（**B**）

教授は鉄鋼の供給業者について話していますが、何のためですか。

(A) 鉄鋼販売から大きな利益を得ることを提案するため。

(B) ウェブサービスがどのように効果的に機能するかを学生たちに示すため。

(C) 自分が鉄鋼会社の重役であると認めるため。

(D) ウェブサービスに参加すべきであると学生たちに伝えるため。

教授は、I will bid on a certain project; then, I can reduce the price because I don't have to send my correspondent to the customer's office.（あるプロジェクトに入札しようと考えていますが、そのとき、顧客の会社に連絡係を出向かせる必要がないため、価格を下げることができるのです）と述べています。ウェブサービスを使ったビジネスの利点を伝えるこの部分から、(B)が正解だとわかるでしょう。

Q10 正解 （D）

教授はなぜこう言っているのですか。

"But if I wrapped it, you would initially know what you were getting, that is called a present, and there would be no confusion."

（しかし、私がそれを包装すれば、もらえるのはプレゼントと呼ばれるものであることが最初からわかり、戸惑いはないでしょう）

(A) 人々がどのようにプレゼントを包装するかを実演するため

(B) プレゼントを包装する必要性を学生たちに知ってもらうため

(C) 六分儀を受け取った際、教授が当初、困惑した理由を説明するため

(D) 標準化されたプロトコルの重要性を示すため

解説 設問7に関係する設問です。標準化されたプロトコルの、「中身の認識を容易にする」という重要な働きについて、包装紙を例に述べています。よって(D)が正解だとわかります。

Q11 正解 （C）

教授はなぜ、企業・消費者間の音楽のやりとりについて述べているのですか。

(A) ウェブサービスから音楽をダウンロードすることの利便性を示すため

(B) 従来通りの店舗から音楽を買うよう、学生たちに推奨するため

(C) ウェブサービス・ディレクトリの使われ方の例を学生たちに示すため

(D) 企業・消費者間ウェブサービスで行われている商取引の額の小ささを明確にするため

解説 教授は、ウェブサービスによる大きな恩恵が、企業間電子商取引（B2B）に限らず一般の消費者にも与えられることを話しています。また、続く部分では、学生たちにウェブ取引の特徴を伝えています。この流れから、正解は(C)だと判断できます。

Listening 5

スクリプト・訳

Listen to part of a class discussion in an art history class.

Professor: Good morning, everyone. Today we'd like to continue our discussion of perspective in painting. Remember we said that perspective is a system whereby three-dimensional space can be realistically depicted on a two-dimensional surface. Would anyone care to summarize what we discussed last time about linear perspective? Janet?

Janet: Linear perspective entails the drawing of converging lines that create the illusion of distance as they eventually come together at one point, the vanishing point or focus point. It's based on a mathematical system with a fixed viewpoint. For example, if you want to draw a road going off into the distance, the lines for the road in the foreground would be wider apart than the lines in the background, and those lines would eventually come together at the horizon.

P: Right. The Italian painter, Alberti, one of the artists who developed the underlying geometry of linear perspective describes the flat surface of the painting, the picture plane, as an open window. He'd first sketch a rectangle and then treat it just like a window he was looking through. By doing this he could guide the viewer's eye through the picture plane to the focal point in the distance. OK, I think everyone has a pretty good idea of linear perspective. I'd like to move on now to aerial perspective, sometimes also called atmospheric perspective. Now, has anyone seen a Los Angeles sunset? How would you describe it and why do you think it happens?

J: It's really beautiful, with lots of red hues. My guess is that's due to the L.A. smog.

P: It sure is. In any landscape, the farther you are from the phenomenon you are observing, the more various particles in the atmosphere will reflect the available light and affect the usual color, just as the smog does in Los Angeles or sheer distance does to the color of faraway mountains. Now, that's what happens when an artist employs aerial perspective. Aerial perspective was first successfully used by the Dutch and Flemish masters of the Northern Renaissance in the 15th century, particularly in the distinctive landscapes and radiant interiors we can see in the works of Jan

189

Van Eyck.

J: But certainly other painters were concerned with the landscapes that they painted.

P: Sure, but most Gothic painters were proud to display their skill in painting objects like flowers and animals, or buildings, or costumes and jewelry. The landscapes in the background often resembled a backcloth or a tapestry. Van Eyck, though, paid careful attention to creating scenes which virtually come alive. Q16 Each rock, each tree, indeed, each individual blade of grass is painstakingly created and the skillful use of color needed to achieve proper aerial perspective was revolutionary for its time.

J: OK, but other painters were also capable of skillfully showing detail and using color effectively. What makes Van Eyck so special?

P: Janet, that is a very perceptive question. If I can rephrase your question slightly: Why was Van Eyck capable of utilizing the technique of aerial perspective so successfully? The answer to that lies in two important technological developments of the early 15th century: oil paint and paper. Of these two, paper may well have been the most important. Although paper had long been known in the Oriental and Muslim worlds, it had not previously been widely available in Europe. The industrial production of paper immediately made it cheaper than other writing mediums, like parchment or vellum. Its cost also meant that it was disposable and its light weight also meant that it was portable. Can you imagine why that might have been a huge breakthrough for artists of the time?

J: I guess that previous artists had probably been limited in their ability to accurately portray nature, because they did not have any cheap, disposable material to practice on. Also, I imagine that now they could also make lots of preliminary sketches before they started their actual paintings. Q17 So maybe now they no longer had to rely on their memory and get it right the first time.

P: Absolutely. That ability to use trial and error was huge in terms of accuracy. And when combined with the other emergent art technology of the 15th century, oil paint, this led to the development of effective aerial perspective. Because of its range of color and ability to blend and blur, oil paint could suggest the illusion of distance through gradations of color and tone. The artist could use lighter, duller colors for objects far away in the distance and darker, more intense colors for objects close to the viewer. This made the landscape painting, as we know it today, possible.

美術史の授業での討論の一部を聞きなさい。

教授：おはよう、皆さん。今日は引き続き、絵画における遠近法について話し合っていきたいと思います。遠近法とは、三次元空間を二次元平面に写実的に描写できる方法であると話したことを思い出してください。前回、線遠近法について話した内容を誰かまとめてもらえますか。ジャネット、まとめてくれますか。

ジャネット：線遠近法は、収束する複数の線が最終的に消失点もしくは焦点である1点に集まることで距離感の錯覚を引き起こす画法です。これは固定された視点を持つ数学的システムに基づくものです。例えば、遠くへ延びていく道を描きたい場合には、道を表す線の間隔は遠景より手前のほうが広く、その線は最終的に地平線で収束します。

教授：そうです。イタリアの画家で、線遠近法の基礎となる幾何学を発展させた芸術家の1人であるアルベルティは、絵画の平らな表面、つまり画面を開かれた窓であると説明しています。彼はまず長方形を描き、それをあたかも自分がそこから外を見ているかのような窓に見立てました。こうすることによって、彼は見る者の目を画面を通して遠くの焦点へと導くことができたのです。そうですね、皆さんは線遠近法についてかなりよく理解していると思います。それでは、空気遠近法に話を進めたいと思います。これは大気遠近法とも呼ばれるものです。さて、誰かロサンゼルスの夕焼け空を見たことがある人はいますか。それを描写するとしたらどう言えばいいでしょうか。そして、なぜそういうことが起きると思いますか。

ジャネット：さまざまな赤の色合いがあって、本当に美しいものです。ロサンゼルスのスモッグのせいだと思います。

教授：まさにそうです。どんな風景においても、観察している現象から遠い所にいればそれだけ、より多様な大気中の粒子が自然光を反射し、通常の色に変化を与えます。ちょうどロサンゼルスでスモッグがその働きをしたり、遠くの山の色に対しそこまでの純粋な距離がその働きをしたりするのと同様です。さて、画家が空気遠近法を使うときに生じるのも、それなのです。空気遠近法の手法は15世紀の北方ルネサンスにおけるオランダ派とフランドル派の巨匠によって初めて確立されました。それは、ヤン・ファン・アイクの作品に見られる特徴的な景色と光り輝く室内の中に顕著に見ることができます。

ジャネット：しかし、まちがいなくほかの画家たちも自分の描く景色に気を配っていたはずです。

教授：そうですが、ほとんどのゴシック派の画家は、花と動物、または建物、あるいは衣服と宝石といった対象物を描く技巧を誇示していました。背景の景色

はしばしば背景幕もしくはタペストリーにたとえられました。しかし、ファン・アイクは生き生きしていると言っていいほどの風景をつくり上げることに細心の注意を払いました。岩の１つ１つ、木の１本１本、そして葉先の１枚１枚までも慎重に描かれ、正確な空気遠近法を実現させるのに必要な卓越した色の使い方は、当時としては画期的でした。

ジャネット：そうですが、ほかの画家も細部を巧みに見せたり色を効果的に使ったりすることができました。なぜファン・アイクがそんなに特別なのですか。

教授：ジャネット、とても着眼点のいい質問ですね。君の質問は少し言い方を変えると、なぜファン・アイクがそれだけうまく空気遠近法の技法を使うことができたかとなります。その答えは15世紀初期の２つの重要な技術的発展にあります。それは油絵の具と紙です。この２つのうち、紙が最も重要だと言ってもよいでしょう。紙は東洋やイスラムの世界でそれまで長い間知られていましたが、ヨーロッパでは以前は、広く手に入るものではありませんでした。紙の工業生産により、紙は羊皮紙や上質皮紙などのほかの筆記用媒体より急激に安くなりました。その価格のために使い捨てもできるようになり、軽量さのために持ち歩けるようにもなりました。そのことがなぜ当時の画家にとって大きな革新的な出来事であり得たのか、想像できますか。

ジャネット：それ以前の画家は、練習用の安くて使い捨てのできる用紙がなかったので、自然を正確に描写する能力が限られていたのではないでしょうか。それに、そうなったことで実際の(絵の具による)絵画制作を始める前にいくつも下描きのスケッチをすることができたのではないかと想像します。ですから、そうなると彼らはもう自分の記憶に頼って１回で正確に仕上げる必要がなくなったのでしょう。

教授：まさにそのとおりです。そのように試行錯誤ができるということは正確さという点から考えると非常に大きなことでした。それに、15世紀に出現したもう１つの美術技法である油絵の具と結びつき、効果的な空気遠近法の発展につながりました。油絵の具は色の種類が多く、混ぜたりかすませたりできるため、色と色調の濃淡で距離感の錯覚を起こすことができました。画家は遠くの物体には淡くくすんだ系統の色を使い、見る者の近くにある物体には濃く鮮やかな系統の色を使うことができました。これにより、私たちが今日知っている風景画を描くことが可能になったのです。

Q12 　正解 （D）

今日の講義の主題は何ですか。

(A) 線遠近法を示すために、収束する複数の線の使用を紹介すること

(B) ヨーロッパと東洋またはイスラムの芸術の対比を説明すること

(C) ルネサンス期の画家たちに影響を及ぼした政治的観点を明確にすること

(D) 距離感を表現するための色彩と細部の利用について説明すること

解説 講義の最初に前回のテーマのlinear perspective（線遠近法）について復習をし、その後、新たなテーマに説明が移っています。教授がI'd like to move on now to aerial perspective（空気遠近法に話を進めたいと思います）とはっきりと述べていますから、ここを聞き取っていれば正解しやすいはずです。空気遠近法という言葉の意味がわからなくても、講義の途中から色調を用いて遠くを描く手法について述べていることが聞き取れれば、(D)が選べるでしょう。

Q13 　正解 （B）

講義によると、距離感に最も大きく影響する現象は何ですか。

(A) 大気の上部の風のパターン

(B) 空気中の粒子による光の反射

(C) 地平線の大地の形状タイプ

(D) 人口が密集する都市部の存在

解説 ロサンゼルスの例を挙げて、スモッグの話をしていました。L.A. smog、particlesなどの語句をメモできたでしょうか。教授はthe farther ..., the more various particles in the atmosphere will reflect the available light（……遠い所にいればそれだけ、より多様な大気中の粒子が自然光を反射し）と述べています。つまり、大気中の粒子により光の反射が起こることで、距離感が生まれるのです。従って(B)が正解となります。語彙力と判断力が試される問題です。

Q14 　正解 （B）（D）

風景を正確に描写することを可能にした、2つの鍵となる要因は何でしたか。答えは2つ選ぶこと。

(A) 印刷機の改良

(B) 製造された紙が入手できること

(C) さらに高品質なインクの開発

(D) 油絵の具の導入

教授は講義の後半で、紙と油絵の具が重要な変化をもたらしたことを詳細に語っています。(A)の印刷機や(C)のインクの話は出てきません。

Q15 正解 (B) (C) (E)

討論によると、風景画家たちが油絵の具を画材として選ぶようになった理由でないのはどれですか。
答えは3つ選ぶこと。

(A) 幅広い種類の色を提供する(から)。
(B) 試行錯誤に役立つ(から)。
(C) ほかのタイプの絵の具より安価である(から)。
(D) より微妙な色彩の混ぜ合わせができる(から)。
(E) ほかの絵の具よりも紙の上で明るめに見える(から)。

NOT問題ですから気をつけてください。この設問の場合には、通常とは逆に、油絵の具を使うようになった理由を選び出せば、それ以外の選択肢が正解となります。教授は講義の最後近くで、Because of its range of color and ability to blend and blur, oil paint could ...(油絵の具は色の種類が多く、混ぜたりかすませたりできるため、……ができた)と述べています。つまり(A)と(D)は油絵の具を使うようになった理由です。あとの3つ、(B)、(C)、(E)については、油絵の具を使う理由として述べられていないので、これらが正解となります。

Q16 正解 (C)

教授がこう述べているとき、何を言いたいのですか。

"Each rock, each tree, indeed, each individual blade of grass is painstakingly created and the skillful use of color needed to achieve proper aerial perspective was revolutionary for its time."

(岩の1つ1つ、木の1本1本、そして葉先の1枚1枚までも慎重に描かれ、正確な空気遠近法を実現させるのに必要な卓越した色の使い方は、当時としては画期的でした)

(A) ファン・アイクは、絵画の背景を設計した最初の画家だった。
(B) ゴシック画家の多くは、植物学や園芸の経歴を持っていた。
(C) 画家が背景の細かな部分にそれほど多くの注意を払うことは、前代未聞だった。
(D) 背後の風景は、次第にファン・アイクの中心テーマになった。

抜粋部分の最後、... was revolutionary for its time(当時としては画期的だった)が重要なポイントです。慎重に描くことが「画期的」だったのですから、同様の趣旨のことを述べている(C)が正解になります。(B)と(D)に関しては述べられていませんし、(A)についてもファン・アイクの説明に出てこないので不適切です。

Q17 正解 （A）

学生がこう述べているとき、何をほのめかしていますか。

"So maybe now they no longer had to rely on their memory and get it right the first time."

（ですから、そうなると彼らはもう自分の記憶に頼って1回で正確に仕上げる必要がなくなったのでしょう）

(A) 芸術家たちは今や、実際に（絵の具で）描く際に、自然をより正確に描くことができるようになった。

(B) 下描きのスケッチはそれ自体の価値により、貴重な芸術作品となった。

(C) 初期の画家たちは、絵の具で描き始める前に、とりあえずのスケッチを描かなかった。

(D) 芸術家たちはもはや、実際に（絵の具で）描いているときに過ちを気にしなかった。

解説 学生（ジャネット）のこの発言の後に、教授は「試行錯誤ができるということは正確さという点から考えると非常に大きなこと」と述べています。安価な紙の登場により、記憶に頼るのではなく、まずはスケッチで試行錯誤できるようになったのです。それが正確さの向上をもたらしたというわけです。従って正解は (A) です。学生は、「スケッチをいくつもできるようになった」とは言っていますが、かつての画家がスケッチをまったく描かなかったとは言っていないので、(C) は不適切です。また、あくまでスケッチの際の試行錯誤の話をしているのですから、「絵の具で描く」を意味する paint を使った (D) も不適切です。(C) と (D) の選択肢が、この設問をかなり難しいものにしています。

Q 1

MP3 **25**

スクリプト・訳

学業の傍らアルバイトをして生計を立てる学生がいます。一方、奨学金支給を希望する学生もいます。あなたはどちらがよいと思いますか。理由を説明しなさい。

Begin to prepare your response after the beep.
ビープ音の後に解答の準備を始めなさい。

Begin speaking after the beep.
ビープ音の後に話し始めなさい。

解答例A　　 MP3 **30**

I think asking for a scholarship to support college life is better. There are two reasons for this. One is that students should concentrate on their studies without worrying about not having enough time to study. The other one is, the better their grades, the better job they should be able to get after graduating from college. When they're earning good money, they'll be able to donate some to the college, which the college can then use to offer scholarships to new students. This is a kind of recycling of scholarship funds.

　大学生活を支えるために、奨学金を希望するほうがよいと思います。これには２つの理由があります。１つには、学生は、学業のために時間を十分に持てないのでは、と心配することなく勉学に集中すべきだからです。もう１つには、成績がよければよいほど、大学卒業後によい職を得ることができるはずだからです。お金をたくさん稼いでいれば、大学にいくらか寄付できるでしょう。そして、大学はその寄付金を使って新たな学生に奨学金を提供できるのです。これは一種の奨学金リサイクル基金です。

解説と評価のポイント

①いずれか一方を迷わず決定する

　Which do you think is better? という、二者択一の設問では、とにかくどちらか

に方針を決めます。どちらの側を選択したとしても、論理的な内容であれば高スコアが得られます。両方の側に立った解答は、理由を説明する時間が足りなくなるばかりか、採点者から設問の趣旨がわかっていないと見なされます。そのため、よくても2点程度しか得点できません。最初に、いずれか一方を必ず選択してください。理由を答えやすいほうで構いません。即座に決めるのが大切です。

②理由を2つ程度述べる

45秒という短い解答時間では、理由を2つ、3つ述べるのが限界だと思いますが、理由づけが少ないと、スコアは低くなります。最初の1文 I think asking for a scholarship to support college life is better. だけで終わった場合には、1点しかもらえないでしょう。皆さんの会話表現能力と論理的思考が試される設問です。解答例Aでは、しっかりとした理由づけが2つ示されているため、満点が見込めます。

解答例B

 MP3 **31**

> It's a tough question. Umm ... I'm a bad student, then, scholarship is long way. Umm ... Well, I want work hard. I work for a gyudon shop. Salary is low. Umm ... Tough. Scholarship is good.
>
> 　難しい質問です。ええと……。私は悪い学生だから、奨学金は長い道のりです。ううん……、そう、一生懸命に働きたい。私は牛丼店で働いています。給料は低いです。ええと……難しいです。奨学金はよいです。

問題点とアドバイス

①問いへの感想は言わない

解答例Bの予想スコアは1.0〜1.5点です。問いに対し、It's a tough question. などの感想は一切言わないようにしましょう。言ってもその部分は採点対象外です。

②文法ミスに気をつける

I want work hard. のような細かな文法ミスが目立ちます（正しくは、I want to work hard.）。自分の事例を述べたいのであれば、次のようにしたほうがよいです。

Since my grades are low, it will be difficult to receive a scholarship. Therefore, I will have to work hard.
（私の成績は低いので、奨学金をもらうのは難しいでしょう。そのため、私は一生懸命働かなくてはならないでしょう）

③牛丼店を採点者が知っているか不明

　採点者がgyudon shopを知らない場合、解答の意図をくみ取ってもらえません。英語にもなっているsushiやsashimi、tofuはよく知られていますが、「牛丼」などは、和食が好きな人以外にはまだまだ一般的とは言えません。日本語をそのまま使うのは避け、英語圏の人が理解しやすい言葉に置き換えるようにしましょう。

I work at a fast-food restaurant and my salary is low.
（私はファストフード店で働いていますが、給料は低いです）

④設問にはっきり答えていない

　設問は、自分が奨学金をもらえるかどうかではなく、働くのと奨学金をもらうのとどちらがよいと思うかを尋ねています。まずは自分の意見を明確に示した後、その内容を補足する状況説明をしましょう。

I think asking for a scholarship is better. Although I don't receive a scholarship now, I would prefer to apply for it.（私は奨学金を希望するほうがよいと思います。今は奨学金をもらっていませんが、応募したいと思っています）

Q2

🔊 MP3 26

スクリプト・訳

State University is planning to increase the security of its dormitory. Read the new instructions for the security policy. You will have 45 seconds to read the instructions. Begin reading now.
州立大学は、学生寮の安全を強化しようとしています。保安のための新しい指示を読みなさい。指示を読むために、45秒与えられます。それでは、読み始めなさい。

（パッセージの訳）

大学評議会からのお知らせ

　大学評議会は、本校の寮生全員のために新規則を施行することに決めました。最近強盗事件が多発しているため、寮生は各自の部屋のドアをしっかり閉めなければなりません。自室のドアに鍵をかけないでいた場合は、罰金を科します。最悪の場合には、寮を出てもらわざるを得ないこともあります。これは、皆さんと大学、両方の所有物を守るための重要な保安指針です。われわれが寮生全員に快適で安全な大学生活を送ってほしいと思っていることを、心に留めてください。

Now listen to two students discussing the new instructions.
では、２人の学生が新しい指示について話し合っているのを聞きなさい。

（リスニングのスクリプトと訳）

Man: I can't believe these dorms!

Woman: What is it this time?

M: The residential assistant just told me he's reporting me for repeatedly leaving my dorm door open.

W: Get out of here!

M: No, it's true. He said it was a security issue according to the new instructions.

W: I can understand it if you'd propped the main door open, but your own door?

M: Yep. He said it's a new regulation that applies to all doors. Apparently it's for the safety of the furniture, lamps and those sorts of things that are provided in each room.

W: They'll be locking us in next.

M: You know, well, if he reports me again, I might end up having to leave the dorm. It's incredible. I would have to pay higher rent off campus. And I'm bound to leave the door open again — I always do. That's how we live here. It's comfortable like a home, not a prison.

W: Yeah, I know what you mean. Everyone's very relaxed here, but you are a bit forgetful, aren't you?

M: What shall I do?

男性：この学生寮は信じられないことばかりだ！

女性：今度は何があったの。

男性：寮のアシスタントが、僕が何度も自室のドアを開けっ放しにしていたことを報告するって言うんだ。

女性：冗談でしょ！

男性：いや、本当なんだ。新しい指示による、保安目的のものだと言っていたよ。

女性：表玄関を開けっ放しにしていたら別だけれど、あなたの部屋のドアでしょ。

男性：そうなんだ。アシスタントいわく、新規則はすべてのドアに適用されるんだって。どうやら、家具や電灯なんかの、各部屋に支給された物の安全のためみたいだけれど。

女性：次は私たちが缶詰めにされてしまうわ。

男性：もしアシスタントが僕のことをまた報告したら、最終的に寮を出ざるを得な

くなるかもしれない。信じられないよ。学外だと、もっと高い家賃がかかる
だろうし。それに、僕がまたドアを開けっ放しにするのは必至だね——いつ
もそうしているから。ここに住む僕らの流儀なんだよ。家みたいに快適で。監
獄じゃなくてね。

女性：そうね、あなたの言うことはわかるわ。ここでは誰もがすごくくつろいでる
し。でも、あなたはちょっと忘れっぽくない？

男性：どうしたらいいかな。

**男性は、評議会による新しい方針に対する意見を述べています。彼の意見と、その
意見を持つ理由について述べなさい。**

Begin to prepare your response after the beep.
ビープ音の後に解答の準備を始めなさい。

Begin speaking after the beep.
ビープ音の後に話し始めなさい。

解答例A MP3 **32**

First of all, the man wants to stay in the dormitory for two reasons. One
is that the rent is low compared with living off campus. The other is that
life in the dormitory is pleasant for him. However, he's already left his
door open several times. Further, according to the woman, he is
forgetful. Thus, he might be asked to leave the dormitory sooner or later.
He is very disappointed that the university council imposed the new rule
on the residents.

　まず、男性は2つの理由により寮に残りたがっています。1つには、学外に
住むより家賃が安いためです。もう1つの理由は、彼にとって寮生活が快適で
あるからです。しかし、彼はすでに数回ドアを開けっ放しにしています。さら
に、この女性によると、男性は忘れっぽいのです。そのため、遅かれ早かれ彼
は寮を出て行くよう言われるかもしれません。彼は評議会が、新しい規則を寮
生に科したことにとてもがっかりしています。

解説と評価のポイント

①メモを活用しよう

　会話には、ポイントとなる表現がいくつかあります。residential assistant、higher

rent、forgetful などの語句はメモできたでしょうか。これらをメモしておけば、解答の際に会話の流れを思い出しやすく、また、答えやすくなります。

②最初に男性の意見を述べる

解答例では、最後に He is very regretful that the university council imposed the new rule on the residents.（彼は評議会が、新しい規則を寮生に科したことにとてもがっかりしている）と、男性の意見を述べています。しかし、一般的には、このように最後に登場人物の意見を持ってくるのは危険です。最初に男性の意見を述べてしまうのが得策です。これを述べるだけでも1点はもらえます。

③採点基準について

男性が不満を持っている点は、①自分がドアを開け放していたことをすでに報告された、②追い出される可能性が高い、③学外に住むと家賃が高い、の3つです。このうち、2つを述べていれば1点加点されます。逆に、1つしか述べない場合には加点はないと考えてください。

解答例B　 MP3 **33**

> The university council fears robberies, so that, it requires students to close the door securely. The student forgot to ask the assistant to close the door several times. Then, he must leave the dorm and rent an apartment. He is very sorry because there are many friends and very cheap. And, he has to live alone anyway. He easily forgets many things.
>
> 　大学の評議会は強盗を恐れています。そのため、学生がドアをしっかりと閉めることを要請しています。学生は、アシスタントにドアを閉めることを頼むのを数回忘れました。それで寮を出て、アパートを借りなければなりません。彼は（寮に）多くの友達がいて、とても安いので、とても残念に思っています。彼はともかく1人で住まなければなりません。彼は多くのことをすぐに忘れます。

問題点とアドバイス

①出だしはよい

解答例Bの予想スコアは1.5〜2.0点です。男子学生の意見の前提となる、大学の評議会の方針の要点を簡潔に述べることで、意見を続けやすくしています。出だしは好感が持てます。

②会話の内容を誤解している

部分的に会話は聞き取れていますが、肝心の大筋を取りちがえています。

a.アシスタントはドアが閉まっているかチェックするが、ドアを閉める係ではない
b.学生はまだ寮を出る必要はない

この2点を理解できていないので、全体としてはマイナスポイントが大きくなります。内容を細部までしっかり聞き取りメモを取りましょう。

③文法ミスは少ない

明らかな文法ミスは1カ所です。... because there are many friends and very cheap. の very cheap の主語があいまいです。以下のように修正しましょう。

... because he has many friends there and the rent is very cheap.
(……なぜならそこには多くの友人がおり、家賃がとても安いから)

④これ以上の点数は望めない

文法的にはほぼ正確ですが、会話の重要な点を聞きちがえています。素材の内容理解は、文法より重視されます。これ以上の点数を取るのは難しいでしょう。

Q3

🔊 MP3 **27**

スクリプト・訳

Now read the following passage about the ecosystem in the North Sea. You will have 45 seconds to read the passage. Begin reading now.
では、北海における生態系に関する次のパッセージを読みなさい。パッセージを読むために、45秒与えられます。それでは、読み始めなさい。

(パッセージの訳)

北海の生態系

科学者たちは、イギリス東海岸沖の北海の生態系が、差し迫った破滅の危機にあると懸念を表明している。この海域の食物連鎖の中でプランクトンはそのベースとなっているが、海水温の記録的な上昇で、消滅しつつある。プランクトンの減少は、海鳥の数や魚種資源の減少の直接的原因と見られている。以前は、魚種資源の減少

は乱獲によるものとされていたが、漁獲割り当て量の減少にもかかわらず魚種資源は回復していない。

Now, listen to part of a lecture in a biology class.
では、生物学の講義の一部を聞きなさい。

（リスニングのスクリプトと訳）
The microscopic animal and plant life that is known as plankton is ubiquitous in all seas and is food for nearly all aquatic animals, and so it follows that any adverse change to this basic food source will cause problems further up the food chain.

In the case of the North Sea in northern Europe, the CPR* project has noticed that cold-water plankton has been moving hundreds of miles north as sea temperatures have risen. This migration has been disastrous in particular for young cod, salmon and sand eels. The warm-water plankton that has moved into the North Sea is far less nutritious, and consequently not only are fish stocks decreasing, but they are also being comprised of smaller fish.

The falling numbers of cod could see the traditional British fish and chips disappear from menus. If the warming trend continues, it's estimated that cod will become extinct in the North Sea before 2050.

In the case of sand eels, the next link along the food chain is also beginning to break. Sand eel numbers are falling since cold-water plankton is becoming unavailable. This is bad news for many larger fish and seabirds that depend on sand eels as their staple diet.

    * CPR: Continuous Plankton Recorderの略。プランクトンの継続的なモニタリング調査を行っている。

　微生物やプランクトンとして知られる植物生命体はあらゆる海に生息し、ほぼすべての水生動物の糧となっています。よって、この基礎的な食物資源に対するどんな悪影響であれ、食物連鎖の上層部に問題をもたらすことになります。
　北ヨーロッパの北海におけるCPRプロジェクトでは、海水温度が上昇するに従い、冷水にいるプランクトンが数百マイル北へと移動してきていることが確認されました。この移動は、特に若いタラ、サケ、イカナゴにとって大変な災害になっています。北海に移動してきた温水プランクトンは、栄養分がはるかに低く、その結果、魚種資源が減りつつあるばかりか、それがより小さな魚で構成されつつあります。

タラの数の減少により、イギリス伝統のフィッシュ・アンド・チップスがメニューから姿を消すこともあり得ます。もしこの温暖化傾向が続けば、2050年を待たずして、北海のタラは絶滅すると推定されています。

イカナゴの場合、食物連鎖における次の連鎖も壊れつつあります。イカナゴの数は冷水プランクトンがいなくなってから、ずっと減少しています。これは主食としてイカナゴに依存している多くのより大型の魚と海鳥にとって、悪い知らせなのです。

教授は、魚量の減少について原因を述べました。これらの原因が、北海における魚量の減少にどのように関連しているのかを述べなさい。

Begin to prepare your response after the beep.
ビープ音の後に解答の準備を始めなさい。

Begin speaking after the beep.
ビープ音の後に話し始めなさい。

解答例A MP3 **34**

According to the professor, the rise in the temperature has caused the decline of nutrient rich cold-water plankton. Previously it had been thought that over-fishing had caused the decline in the number of fish, but the main cause is the decline in the number of cold-water plankton. Due to global warming, cold-water plankton now migrates to seas further north. Its place has been taken by warm-water plankton. They are not nutrient rich. Thus, this shift is causing the collapse of the food chain and decreasing the number of fish and seabirds.

教授によると、温度上昇が栄養素に富む冷水プランクトンの減少を引き起こしています。以前は乱獲が魚の量を減らしたと考えられていましたが、主要因は、冷水プランクトンの減少にあるのです。地球温暖化により、冷水プランクトンは現在、より北の海域に移動します。冷水プランクトンのいた場所に温水プランクトンが入り込んできています。温水プランクトンは栄養素に乏しいのです。この交代は食物連鎖を崩壊させており、魚と海鳥の減少を招いています。

解説と評価のポイント

①パッセージをしっかり頭に入れる

　講義では、リーディング用のパッセージで述べている内容に関することが話されます。専門用語を聞き逃さないように、パッセージの内容をしっかりとメモし、頭に入れてください。

②パッセージと講義の要点を解答に含める

　パッセージの要点は①食物連鎖の中でのプランクトンの重要性、②プランクトンの減少が漁量や海鳥の減少を招いている、③以前は乱獲が原因と思われていた、の3点です。講義の要点は次の3つです。海水温の上昇により①プランクトン自体は減少していないが、その種ごとの分布域に変化が見られる、②冷水プランクトンが北に移動した、③冷水プランクトンの移動により、食物連鎖が壊れ、さまざまな形で北海の生態系に異常をもたらしている。解答例Aはこれらをしっかり押さえているため、高得点が期待できます。

③採点基準について

　パッセージと講義の要点をすべて解答に含めれば、満点です。パッセージでは、プランクトンの種については触れられていません。この点が重要なポイントとなります。講義のみで述べられている冷水プランクトンと温水プランクトンの栄養のちがいに言及すれば、1点加点となります。また、示唆される地球の温暖化に触れることにより1点加点となるでしょう。

解答例B

 MP3 **35**

> You know, overfishing is a bad thing. Global warming is more bad. You know, well, you know … Cold-water planktons are lowing. Fish are lowing, too. You know, the North Sea is declining. Well, eels, yeah, eels, you know, uhhh, delicious. Japanese people love eels, called kabayaki. You know … Fish and chips are delicious, too. Well … You know, seabirds are starving. Cods are lowing. You know, we can't eat eels and fish and chips anymore. That's a shame. Well, warming is pretty bad.
>
> 　乱獲は悪いことです。地球温暖化はもっと悪い。冷水プランクトンは「牛の鳴き声」。魚も「牛の鳴き声」。北海は下がっています。ウナギはおいしい。日本の人たちは、かば焼きと呼ばれるウナギが好きです。フィッシュ・アンド・チップスもおいしいです。海鳥が飢えている。タラが「牛の鳴き声」。私たちはウナ

ギやフィッシュ・アンド・チップスをもう食べられない。残念です。暖かくなることはとても悪いです。

問題点とアドバイス

①内容を理解しているように聞こえる

　解答例Bの予想スコアは1.0〜1.5点です。ところどころ内容を理解しているように聞こえるので、いくらかの点数はつくでしょう。キーワードを中心に文を組み立て、要点を的確に伝えることができれば点数はもっと上がるでしょう。

②You knowが多すぎる

　You know（ええと）など、つなぎの言葉を多用すると聞きづらくなります。なるべく使わないようにしましょう。

③個人の意見は求めていない

　ウナギがおいしいとか、フィッシュ・アンド・チップスもおいしいなどといった内容は、設問と関係がありません。スピーキングテストのQuestion 2〜4では個人的な意見を入れないようにしましょう。この設問では、あくまでも事実を確認する能力が試されています。

④文法的に正しい英語を話す

　以下の文は減点の対象となります。スピーキングでも正しい文法を運用する力を養いましょう。

　（×）Global warming is more bad.
　（○）Global warming is worse.

　（×）Cold-water planktons are lowing.
　（○）The amount of cold-water plankton is declining.

　more bad は文法的にまちがいです。また、low（低い）から連想した造語と思われる lowing は「牛の鳴き声」という意味になります。ここでは decline（減少する）という動詞を使ってください。

Q4

 MP3 **28**

スクリプト・訳

Listen to part of a lecture in a linguistics class.
言語学の講義の一部を聞きなさい。

When using a foreign language to communicate, it doesn't matter how advanced our understanding of the language is if our pronunciation of it is incomprehensible. Clear pronunciation can go a long way to overcoming communication problems that may cut short social encounters, not because the speaker was making mistakes but because the listener couldn't recognize what was being said.

Now, many foreign language students are autonomous adult learners so their opportunity to check pronunciation of new words is often limited. However, any half-decent dictionary provides them with a pronunciation guide for every entry. So, when a new word is checked in the dictionary, the learner will not only see a definition of the word but also symbols representing how it should be pronounced. These symbols are phonetics.

For specialist teachers of phonetics a detailed knowledge of lip and tongue movements (articulatory phonetics), sound waves (acoustic phonetics), and speech perception (auditory phonetics) may be important, but students need rarely concern themselves with such detail. Students can view phonetics as just one tool that they can use to help them improve their speaking skills and indirectly, as a consequence, their listening ability.

Many dictionaries use various phonetic symbols of their own invention, but the International Phonetic Alphabet is the recognized academic standard. So, if a student is going to invest time and effort in studying pronunciation, I'd certainly recommend they follow this standard.

A good way for students to familiarize themselves with the phonetic symbols is by looking at the pronunciation guide that can be found, usually, at the front of a dictionary. Pronunciation guides select simple words, that most people are familiar with, and highlight the related phonetic symbols that are used in the pronunciation of these simple words.

外国語でコミュニケーションする際、その言語への理解がどれほど深かろうと、もしも発音が理解不能であったなら意味をなさなくなります。明瞭な発音は、社交での会話を遮る可能性のあるコミュニケーション問題を克服するのに、大いに役立つでしょう。そうした問題は、話者がまちがえていたからではなく、聞き手が言われていることを理解できなかったから起きたのです。

　今日、多くの外国語学習者は自立した大人です。そのため、新しく習得した語の発音をチェックする機会は、多くの場合、限られています。しかし、そこそこまともな辞書であればどんな辞書にも全見出し語の発音ガイドが掲載されています。従って、学習者が単語を引く際には語義だけではなく、どう発音すべきか示している記号も確認することになります。こうした発音記号は、音声学に基づいています。

　音声学教育の専門家にとって、唇や舌の動き（調音音声学）、音声の波長（音響音声学）、発話知覚（聴覚音声学）などの詳細な知識は重要でしょう。しかし、学生たちがそうした詳細に関心を持つ必要はめったにありません。学生たちは、音声学のことを発話能力の、またその間接的な結果として、聞き取り能力の向上のための１つのツールとして考えればよいのです。

　多くの辞書は独自に考案したさまざまな発音記号を使っていますが、国際音声字母が学術標準として認められています。そのため、もしも学生たちが発音の学習に時間と努力を費やそうというのなら、この標準に従うことを私は当然推奨します。

　学生たちが発音記号に親しむよい方法は、たいてい辞書の最初のほうに載っている発音ガイドを見ることでしょう。発音ガイドは、ほとんどの人が慣れ親しんでいる簡単な語を取り上げ、そしてその簡単な語の発音で使われている、関連する発音記号を明示しています。

講義の要点や例を示しながら、外国語学習者たちが会話能力を改善する方法を説明しなさい。

Begin to prepare your response after the beep.
ビープ音の後に解答の準備を始めなさい。

Begin speaking after the beep.
ビープ音の後に話し始めなさい。

解答例A

◁)) MP3 36

The lecturer points out that many foreign language learners are adults, which means they have limited chances to correct their pronunciation of newly acquired words. Thus, the lecturer recommends checking new words in a dictionary, and at the same time, she states that the learner should find out how to use phonetic symbols correctly. A good rule of thumb is to know how to use a pronunciation guide. Although these guides show simple words, they are very helpful to improve communication ability.

　講師は、多くの外国語学習者たちは大人であるため、新規習得語の発音矯正を行う機会が限られていると指摘しています。そのため、講師は、辞書で新語を調べることを推奨し、同時に、発音記号の正しい使い方に気づくべきだと述べています。実践的でよい方法とは、発音ガイドの使い方を知ることです。こうしたガイドは簡単な単語を示すものですが、コミュニケーション能力を向上させるのにとても役立ちます。

解説と評価のポイント

①Question 4は難易度が高い

　今までの設問と異なり、何の情報もないまま講義を聞くことになります。予想がつかないトピックだった場合には、一部を聞き逃すことがあるかもしれません。集中力を保ちながら、メモを活用してください。

②要点を解答に含める

　講義の要点は、①外国語でのコミュニケーションには発音が重要である、②多くの大人の学習者にとって発音矯正の機会が乏しい、③発音記号（国際音声字母）を基準にした習得が重要である、の3点です。解答例Aでは、これらの要素をうまく解答に織り込んでいますから、高得点が期待できます。上記の3点を述べれば満点となりますが、3つの要点のうち1つでも欠けているとマイナス1点と考えましょう。

> Phoenix something is important. And pronunciation is good. Something more important. Dictionaries write pronunciation. This is a good thing. Bad thing is adults. Bad speaking don't understand. Pronunciation guide writes phoenix. Speak correctly is a good thing. We have to learn.
>
> 「不死鳥」何とかは重要です。そして、発音はよいです。より重要な何かでしょう。辞書は発音を書いています。これは、よいことです。悪いことは大人です。悪い話し方は理解しません。発音ガイドは、「不死鳥」を書いています。正しく話すのはよいことです。私たちは学習しないといけません。

問題点とアドバイス

①キーワードをまちがえない

　解答例Bの予想スコアは1.0〜1.5点です。この解答ではphonetics（音声学）をphoenix（不死鳥）と言いまちがえる致命的なミスを犯しています。iBTでは、多少発音が不明瞭でも減点されない場合もありますが、内容のキーとなる語句を誤って発音するのはNGです。

②good thingやbad thingはあいまい

　どのようにgoodなのかbadなのかを具体的に述べてください。以下は修正の例です。この2つの文を直せばスコアは1.5〜2.0点になると思います。

（×）Bad thing is adults.
（○）Some adults don't always speak correctly; therefore, listeners can't understand them.
　　（大人は常に正しく話しているわけではない。従って、聞き手は彼らを理解できない）

（×）Speak correctly is a good thing.
（○）Speaking correctly is a good way to improve your communication ability.
　　（正しく話すことは、コミュニケーション能力を伸ばすためのよい方法である）

Writing Section

Q1

🔊 MP3 **29**

スクリプト・訳

このタスクでは、アカデミックなトピックのパッセージを読むために3分間が与えられます。その後、同じトピックについての講義を聞きます。

書くための時間は20分です。解答では、講義を要約し、講義がパッセージとどのように関連しているかを説明しなさい。書いている間、パッセージを確認することができます。

では、リーディングのパッセージが表示されます。それに講義が続きます。

（パッセージの訳）

アリの複雑な階層社会

　世界中にはアリ科の種が――より一般的な名前で言えば「アリ」が――数多く存在する。それらは通常、黒、茶色あるいは赤色の昆虫で、世界中に存在し、その複雑な階層社会により科学者や一般人を等しく魅了している。アリはコロニー内で、役割により階級化されており、働きアリ、雄アリ、女王アリに区別されることがある。

　一般的に働きアリは、子を産まない羽のない雌である。働きアリはさらに、巣を守りつくり上げる、餌を集め運ぶ、幼虫を保育し女王アリの世話をする、といった業務によって、捕食担当、くず拾い担当、農耕担当に細分化され得る。この高度に組織化された分業体制は、おのおのの個体がスペシャリストであることを意味している。

　働きアリの体長は、種によっても、また同種内でも、かなり顕著に異なることがある。例えば、つくられて間もないコロニーの働きアリは、同種の長く存在しているコロニーにいる働きアリよりもかなり小さいかもしれない。このような差異はあるにしても、多くの働きアリは同種内では同じ大きさで、形状も同じである。一方、ほかの種の働きアリは、2つの特徴的な形状や大きさにより、小型と大型が知られており、またほかの種では、大きさにはある程度の範囲がある。

　体長と年齢が、働きアリの職能を決定する。つまり、（体長が大きくなり、齢を重ねるにつれ）作業がだんだん労の多い危険なものとなっていく。若い働きアリの務めは、幼虫の世話である。中年齢の働きアリは、巣づくりや餌運び、ごみ出しを行う。年齢の高い働きアリは、巣を離れて餌の採取に行く。

雄アリは、スズメバチ（wasp）とその形状が似ており、また同様に巣を離れるが、ただしこれは将来の女王アリと交尾をするためである。将来の女王アリは、数少ない、羽のある雌アリである。すべての種に共通しているのは、女王アリのみが産卵し、このことにより女王アリが（そのコロニーで）最も特化されたスペシャリストとして存在することである。

Now listen to part of a lecture on the topic you just read about.
では、今読んだトピックに関する講義の一部を聞きなさい。

（リスニングのスクリプトと訳）
The insect order Hymenoptera includes over 115,000 different species, of which most are either bees, sawflies, wasps or ants. However, the natural histories of these insects are quite diverse, with some following solitary lifestyles and others displaying an extraordinarily integrated and interdependent social organization. A brief explanation of the evolution of ants will help to explain the development of this complex social integration.

Ants are descended from ancient wasps. The ancient wasps hunted insect prey which they then fed to their larvae back at the nest. Initially, only the young were present within the same nest, but when younger and older generations were present at the same time, cooperation evolved. Cooperation between the generations brought differentiation among these insects so that separate castes of wingless workers and winged queens eventually developed.

Although individual ants' functions became quite distinct, they were all still working for the same goal: the greater good of their individual colonies. This behavior is in stark contrast to other descendants of the hunter wasps — solitary bees. Of the 20,000 or so species of bees, most of them can be termed "solitary." This means that after mating, each female builds a single nest in which to lay her eggs. The bee then provides sufficient food for each egg before sealing it in an individual cell within the nest. Generally, by the time the larvae emerge from the cells as young bees, the mother will have died.

Whereas ants display cooperation across generations and castes, solitary bees live singular lives — not even interacting with their own offspring.

Having surrendered their independence, are individual ants more or less secure? What survival advantages does the communal lifestyle offer? Perhaps most crucially of all, will one lifestyle eventually prove more suited to life in the future?

　昆虫の膜翅目は、11万5000以上の異なる種を持っています。その大半は、ハナバチ、ハバチ、スズメバチ、またはアリのいずれかです。しかし、これらの昆虫の自然史はかなり多様で、単生のライフスタイルをたどるものもいれば、高度に統合された相互依存的な社会組織を展開するものもいます。アリの進化過程の概要が、この複雑な社会集団の発展を説明する上で役に立つでしょう。

　アリは古代のスズメバチの子孫です。古代のスズメバチは餌として昆虫を狩り、巣に戻ってそれを幼虫に食べさせていました。当初は、同一の巣の中には若いアリのみが生存していました。しかし、若い世代と年齢を重ねた世代が同時に存在するようになると、共同作業が発展しました。世代間の共同作業は、これらの昆虫の間に差異をもたらし、その結果、羽のない働きアリと羽のある女王という、異なる階級が生じたのです。

　個別のアリの役割ははっきり区別できるようになったものの、それでもアリたちは全員が同じ目標のために働いていました、すなわち、個々のコロニーへの、より大きな利益のためです。この行動は、狩猟的スズメバチの別の子孫である単生のハナバチとは著しい対照を成すものです。ハナバチの2万程度の種のうちほとんどは、「単生」と呼ばれます。このことが意味するのは、交尾をした後に、個々の雌がただ1つの巣をつくりそこで産卵するということです。その後、巣内で卵をそれぞれ個別の巣室にしまい込む前に、おのおののために十分な餌を用意します。一般的には、ハナバチの子として幼虫が巣室から出てくるまでには、その母親である雌は死んでいることになります。

　アリが世代間や階級間にわたる共同作業を展開している一方で、単生のハナバチは、自身の子孫と接することさえなく、1匹だけの生活を送ります。独立を放棄することで、個々のアリたちは、多かれ少なかれ安全になるのでしょうか。集団的なライフスタイルは、生き延びる上でどんな有利さをもたらすのでしょうか。おそらく何より重要なことですが、1つのライフスタイルが将来、ほかよりも生存に適すると最終的に判明するのでしょうか。

指示事項：20分間で解答を考えて書きなさい。解答は、ライティングの質、そして、講義の要点とそれらのパッセージとの関連性がどのくらい的確に表されているかにより、採点されます。効果的な解答は通常、150〜225語を含みます。

設問：講義で述べられた要点を要約しなさい。その際、それらがパッセージで述べられている具体的な点にどのように応答しているかを必ず説明しなさい。

解答例A

The lecturer clarifies the development of strict castes in ant colonies. She first states that ants evolved from ancient wasps and that interdependence among ants, and differences in generations, emerged and created castes in ant colonies with a winged queen and wingless workers. In contrast, many bees live their solitary lives in a society in which a queen provides foods for its larvae and dies after, or just before those larvae hatch.

The lecturer's main objective is to question whether life in stratified societies is good for all, or not. The passage explains that a highly developed division of labor sustains ant colonies and the roles of each ant depending on its size and age. Only a queen is capable of laying eggs, and during the mating season winged male ants and the winged future queen emerge from the nest.

In summary, ants evolved from solitary hunter wasps into colonized societies. The lecturer states that the changes have occurred through a process of evolution. In contrast to this social life of ants, she describes the life cycle of solitary bees. Finally, the lecturer poses the question of whether the solitary life or the communal life is more suited to survival.
[200語]

　講師は、アリのコロニーにおける厳格な階級の発展について解き明かしている。講師は最初に、古代のスズメバチからアリが進化したことを述べ、世代間の相互依存と、各世代の相違が生まれ、アリのコロニーに、羽のある女王と羽のない働きアリがいる階級がつくられたと述べている。対照的に、多くのハナバチは、女王が幼虫に餌を提供し、それがふ化した後か、あるいはその直前に死ぬ、という単生の暮らしをしている。

　講師の主な狙いは、階級化された社会は、（それを成す）全員にとってよいものなのかどうかを問うことである。パッセージでは、高度に発達した分業がアリのコロニーと個々のアリの役割分担を支え、その分担は体長や年齢により決まるとしている。女王アリだけが産卵可能であり、繁殖期には羽を持つ雄と、羽を持つ将来の女王アリが、巣から出現すると述べている。

　要約すると、アリは単生の狩猟的スズメバチから、コロニー化された社会（集団）へと進化したのである。これらの変化は、講師によると、進化の過程で起き

たとされる。このアリの社会的生活と対比させて、講師は単生のハナバチのライフサイクルについて説明している。最後に講師は、単独生活と集団生活のどちらがより生存に適しているのだろうかという問いを提示している。

解説と評価のポイント

①必ずメモを取る

　まず、パッセージと講義についてメモを取ることが重要です。以下を見てください。まず、パッセージに関し①〜③のキーワードを挙げ、その後、講義を聞きながら、講義中のキーワード(色文字部分)を書き込んだ例です。

---

① castes, colonies, function
→ diverse, solitary, integrated

② workers, size and age, type of work
→ evolution, ancient wasps,
　cooperation between the generations,
　wingless workers, winged queens,
　working for the same goal, contrast, solitary

③ wasps, queen lays eggs
→ female, nest, her eggs,
　mother will have died

⇒ singular lives,
　advantages communal lifestyle offer?
　suited to life?

　これらのメモを確実に取るためには、事前に読んでいたパッセージの内容を把握している必要があります。そして、制限時間20分のうち最初の5分程度で、講義について取ったメモとパッセージの内容を比較検討し、文章の構成を考えながら下書きをします。20分という時間は、意外に長いです。あわてずに、5分は構成の下書きに回しましょう。

②講義の内容は「反論」か「補足」

講義を聞く前に、しっかりとパッセージの内容を把握してください。講義の内容はパッセージの内容への反論、もしくは補足になることがほとんどです。また、同じような語句が使われる可能性が高いため、パッセージを読みながら、重要と思われる語句をチェックしておきましょう。

③文章の質を高めるため文法に注意する

特に時制や数の一致などの基本的な文法に注意し、まちがいのないようにしてください。

④講義の内容確認と採点基準

教授は、パッセージの内容に異を唱えているわけではないものの、補足の説明を加え、タイトルにもなっている「アリの複雑な階級社会」について、それがよいものなのか、という問いを提示しています。①アリは古代スズメバチから進化した、②世代間の役割分担が現在のアリのコロニーを形成している、③ハナバチのような単生の暮らしがある一方で、階級を確立したコロニーの存在はアリに安全をもたらすのか、という疑問を呈しています。解答例Aではこれらの要点を踏まえた構成になっています。細かな配点は次のようになります。

- アリが古代のスズメバチから進化し、現在のコロニーを形成したことを書いていれば、1点。
- アリとは対照的な単独生活を送るハナバチなどの種があることを書いていれば、1点。
- 集団生活と単独生活のどちらがより適切なのか、という疑問を提示している旨を書けば、2点。

以上で合計4点です。残りの1点は、皆さんの解答の語法・文法の精度、表現の多様性などで判断されます。

解答例B

The passage says that ants have achieved complex castes, consisting of workers, males and a queen. Each worker ant is a specialist. They are predators, scavengers or farmers, depending on their functions. The size of workers changes with age. This determines the role of workers. Male ants with wings appear for mating with queens. But, only one queen lays eggs.

She explains the history of ants. First, ants were wasps and castes developed. They helped each other. [77語]

　このパッセージは、アリは働きアリ、雄アリと女王アリからなる複雑なカーストを成立させたと述べている。個々の働きアリはスペシャリストである。それらの役割に基づき捕食担当、くず拾い担当や農耕担当に分類される。働きアリの大きさは年とともに変わる。これが働きアリの役割を決定する。羽の生えた雄アリは女王と交尾するために現れる。しかし、1匹の女王だけが卵を産む。

　彼女は、アリの歴史を説明している。第1に、アリはスズメバチだった。そして、カーストが発展した。彼らは互いに助け合った。

問題点とアドバイス

①正しい英文を書く能力はある

　解答例Bの予想スコアは1.5～2.0点です。第1パラグラフで、パッセージを要約しています。部分的にまるごと写しているところがありますが、おおむねよい要約だと思います。また、文法ミスもありません。

②あいまいな代名詞は使わない

　第2パラグラフ冒頭でShe explains ... としていますが、The lecturer explains ...にしてください。いきなりSheと書かれても誰を指しているのかが不明瞭ですので、具体的な名詞を使いましょう。

③講義の内容をより多く含める

　講義の内容を反映した部分が少ないため、これでは講義を聞き取れているか判断できません。パッセージの概要がよかっただけにもったいないです。

④語数が極めて少ない

　解答の長さが77語しかありません。書いてある内容にまちがいはありませんが、指定語数の150語に到達しないだけで自動的に減点されることを覚えておいてください。普段から制限時間内で150語の英文を書く練習をしておくとよいでしょう。

Q2

訳

このタスクでは、オンラインの議論を読みます。掲示板上で、教授が質問を投稿し、クラスメートが答えています。あなたは、議論に貢献する自分自身の答えを書くよう求められます。投稿文を書く時間は10分です。

教授が教育学の授業をしています。教授の質問に答える投稿文を書きなさい。

解答において、以下のことをする必要があります。
●自分の意見と、その裏づけを述べる。
●議論に貢献する。

効果的な解答は、最低でも100語を含みます。

フレミング博士

　この授業を通して、私たちはオンライン授業のメリットとデメリットについて議論する予定です。本学は、過去3年間にいくつかのオンライン講座を開講しています。しかしながら、学生の評価は好みによってさまざまです。対面での学びのほうがいいという声もあります。一方で、オンライン授業に満足しているという声もあります。この議論では、当該トピックについてあなたの考えを示し、述べてください。オンライン授業は有益だと考えますか。そう考える理由は何ですか。

パム

　私はオンラインで基礎会計コースを終えたばかりですが、これで上級会計クラスに登録できるようになったので、本当に有益でした。上級クラスはオンラインでは行われていませんが、登録可能になるためには、まず基礎クラスを修了している必要があったのです。オンライン授業はいつでも受講できます。このオプションがなければ、次の学期まで待たなければならなかったでしょう。

クリス

　オンラインの授業はそれほど役に立たないと思います。昨年の秋、オンラインで国際関係学を受講しましたが、期待にかなうものではありませんでした。例えば世界恐慌に指導者たちがどのように対応し、1930年代に各国がどのように影響し合ったかについて学びましたが、その授業は、高校ですでに学んでいたことを扱っただけでした——出来事について、クラスメートともっと深く議論したかったのですが、オンラインでは、リアルな授業と同じようには物事を議論できません。そういうわけで、僕は対面での学びのほうが好きなのです。

解答例A

Why should we separate online classes from face-to-face classes? Both of them have advantages and disadvantages. As Pam mentions, online courses make learning more accessible. However, at the same time what Chris says is true. Sometimes, we need to discuss things and make suggestions to each other when we want to deepen our understanding. In that case, online classes are not enough. Face-to-face discussions where our ideas are challenged are more productive in helping us to coordinate our ideas. For example, it would be more useful to discuss future sources of energy in a classroom than online. What I mean is that at first we can learn about the basic mechanisms and sources of various types of energy online. Then, when we get together we can come up with new ideas, because every student will have their own ideas and we can compare them with one another in the real classroom. This way our schooling will be more fruitful. That's why I think online schooling is particularly beneficial when it is combined with face-to-face classes. [175語]

　なぜ、オンライン授業と対面授業を分けるべきなのでしょうか。どちらにも長所と短所があります。パムが言うように、オンライン授業は、学習をよりアクセスしやすいものにします。しかし同時に、クリスが言っていることも真実です。時には、理解を深めるために、議論や相互の提案が必要になります。その場合、オンライン授業だけでは不十分です。考えがぶつかり合う対面での議論のほうが、人々の考えを調整する上で生産的です。例えば、将来のエネルギー源についての議論は、オンラインよりも教室で行うほうが有益でしょう。つまり、最初はオンラインで、さまざまなタイプのエネルギーにおける基本的なメカニズムや供給源について学ぶことができます。その後で、みんなで集まって新しいアイデアを生み出すことができるのです。というのも、学生にはそれぞれ自分のアイデアがあり、リアルな教室ならそれらを互いに比べることが可能だからです。この方法で、授業はより実りあるものになります。ですから私は、オンライン授業は、対面の授業と組み合わせた場合に、とりわけ有益なものになると考えます。

　ほかの人の投稿を読む時間も含めて10分しかなく、あせりがちになると思いますが、まずは問題文とクラスメートの投稿をしっかり読み、理解しましょう。わかりにくい場合はメモ用紙にポイントを書くとよいでしょう。

①教授とクラスメートの投稿を理解した上で意見を述べる

　アカデミック・ディスカッションでは、掲示板での議論に「貢献」することが重要です。この解答例では、第1文と第2文で問題提起をした後、続く2つの文では、クラスメートの投稿内容をしっかりと理解していることを伝えています。第5文(Sometimes, ...)からは、クリスの意見を自分なりに言い換えつつ、自分の主張を述べています。その後、具体例を挙げながら、後半のWhat I mean is ...以降で、実りある授業のためにオンライン授業をどう使うのが有効かについて意見を展開し、締めくくっています。

②いずれか一方の支持で構わない

　この解答例は、オンライン授業と対面授業との組み合わせという案を提示したもので、非常に建設的で高度な書き方になっています。もちろん、どちらか一方を支持し、その理由を述べるという解答でも問題ありません。

③適切な語句と構文を使う

　前半のmake learning more accessibleやdeepen our understandingといった的確でこなれた言い換えや、後半のcome up with new ideasといったイディオムの使用は、高得点に結びつきます。

④多少のタイポ(タイピングのミス)は問題なし

　Rubric(採点基準書)では、例えばtheirとするところをthereとまちがえてタイプしたとしても、短い制限時間内での起こりがちなミスなので問題にならない、とされています。スペリングにおける多少のまちがいも同様です。

解答例B

I believe online programs are useful. I want to graduate as soon as possible. So, if I can register for the maximum number of online classes, I'm sure I can graduate earlier. Online classes are even available in the evening. As Chris says, sometimes online classes might be boring, but I care more about how many classes I will take. The number matters to me. In this regard, Pam has a point. I like her idea.［76語］

　オンラインプログラムは有益だと考えます。私はできるだけ早く卒業したいのです。だから、オンライン授業に最大数登録できれば、きっと早く卒業できると思います。オンライン授業は夜間でも受講できます。クリスが言うように、時にオンライン授業は退屈かもしれませんが、授業をいくつ受講するかのほうが私には大事です。私にとっては数が重要なのです。この点で、パムの言うことはもっともです。彼女のアイデアが好きです。

問題点とアドバイス

①掲示板の書き込みにあることにのみ言及する

　受講可能な授業数に関しては、オンライン授業、対面授業を問わず、掲示板では述べられていません。回答の大半が議論と無関係と見なされた場合、大幅に減点される可能性があります。

②クラスメートの主張を正しく理解し、表現する

　クリスはオンライン授業だと対面授業のような議論ができないと述べているのであり、退屈だとは述べていません。この解答例の書き方を生かすなら、sometimes online classes might beには、boring（退屈な）ではなくfrustrating（もどかしい）を続けるのが適切でしょう。また、パムは、上級クラスを受講するにあたり、いつでも受けられるオンラインの基礎クラスが便利だったと述べているのであり、授業がたくさん受講できる点には触れていません。つまり、この解答例では、クリスの主張もパムの主張も正しく説明できていないことになります。

③文章のクオリティを高めよう

　大きな文法ミスはありません。しかし、使用語彙が限られており、単純な表現の羅列になっているため、文意や文脈がわかりにくい箇所が多々あります。語彙や表現を意識的にインプットして、文章の中で使ってみる練習を重ねましょう。

Memo

\ これだけは覚えておきたい /

重要語句150

本書に登場した重要語句のリストです。音声を活用し、発音とセットで覚えましょう。

※語義：本書の登場箇所での語義を中心に掲載しています。

※ページ番号：語句が登場したページ

※難易度：
　★簡単(60点レベル)
　★★普通(80点レベル)
　★★★難しい(80点以上レベル)

1 ☐☐☐	**beforehand** /bifɔ́ːrhænd/	副 あらかじめ、（…）前に	▶p. 25	★
2 ☐☐☐	**dense** /déns/	形 濃密な、密度の高い	▶p. 25	★
3 ☐☐☐	**substantial** /səbstǽnʃəl/	形 十分な、かなりの、根本の	▶p. 25	★
4 ☐☐☐	**gravitational** /grævətéiʃənl/	形 重力の、引力の	▶p. 25	★
5 ☐☐☐	**particle** /páːrtikl/	名 粒子、微量	▶p. 25	★
6 ☐☐☐	**emit** /imít/	動 ～を出す、～を放つ、（音など）を口に出す	▶p. 25	★
7 ☐☐☐	**void** /vɔ́id/	名 空間、虚空	▶p. 25	★★
8 ☐☐☐	**designate** /dézignèit/	動 ～を指定する、～を（…と）呼ぶ、～を指名する	▶p. 25	★
9 ☐☐☐	**astrophysics** /æstroufíziks/	名 天体物理学	▶p. 25	★★
10 ☐☐☐	**theory of relativity**	相対性理論	▶p. 25	★

11	**boundary** /báundəri/	名 境界、限界	▶p. 25	★
12	**equilibrium** /ì:kwəlíbriəm/	名 均衡、平衡	▶p. 25	★★
13	**hydrogen** /háidrədʒən/	名 水素	▶p. 25	★
14	**repulsion** /ripʌ́lʃən/	名 反発力、嫌悪 対 attraction（引力）	▶p. 25	★★★
15	**exclusion** /iksklú:ʒən/	名 排除、排他	▶p. 25	★★
16	**principle** /prínsəpl/	名 原理、原則、本質	▶p. 25	★
17	**detection** /ditékʃən/	名 発見、探知	▶p. 26	★★
18	**extinct** /ikstíŋkt/	形 絶滅した、死に絶えた、消滅した	▶p. 33	★
19	**startling** /stá:rtliŋ/	形 驚くべき、ぎょっとさせるような	▶p. 33	★★
20	**demise** /dimáiz/	名 絶滅、死亡、消滅	▶p. 33	★★

21 ☐☐☐	**mandatory** /mǽndətɔ̀:ri/	形 義務的な、強制的な、必須の	▶p. 38	★★
22 ☐☐☐	**objectivity** /ɑ̀bdʒiktívəti/	名 客観性	▶p. 38	★★
23 ☐☐☐	**faculty** /fǽkəlti/	名 教授陣、学部、機能、能力	▶p. 41	★
24 ☐☐☐	**statistics** /stətístiks/	名 統計学、統計資料	▶p. 41	★
25 ☐☐☐	**econometrics** /ikɑ̀nəmétriks/	名 計量経済学	▶p. 41	★★
26 ☐☐☐	**analytical** /æ̀nəlítikəl/	形 分析的な、分析に基づく	▶p. 41	★
27 ☐☐☐	**enroll** /inróul/	動 入学する、名前を登録する	▶p. 41	★
28 ☐☐☐	**grad school**	名 大学院	▶p. 42	★
29 ☐☐☐	**advocate** /ǽdvəkèit/	動 ～を支持する、～を主張する	▶p. 48	★
30 ☐☐☐	**perception** /pərsépʃən/	名 認知、知覚	▶p. 48	★

31 ☐☐☐	**arithmetic** /əríθmətik/	名 計算、算数	▶p. 49	★
32 ☐☐☐	**fascinate** /fǽsənèit/	動 〜を魅惑する	▶p. 49	★
33 ☐☐☐	**permutation** /pə̀:rmjutéiʃən/	名 並べ替え、置換、変形	▶p. 49	★★★
34 ☐☐☐	**elaborately** /ilǽbərətli/	副 念入りに、精巧に、わざと	▶p. 50	★
35 ☐☐☐	**nurture** /nə́:rtʃər/	動 〜を育てる、〜を養成する	▶p. 52	★★
36 ☐☐☐	**abolish** /əbáliʃ/	動 〜を廃止する、〜を撤廃する	▶p. 53	★
37 ☐☐☐	**perspective** /pərspéktiv/	名 見方、展望、透視図、遠近法	▶p. 53	★
38 ☐☐☐	**exploit** /iksplɔ́it/	動 〜を（不当に）利用する、〜を搾取する	▶p. 53	★
39 ☐☐☐	**odor** /óudər/	名 臭気	▶p. 86	★
40 ☐☐☐	**pesticide** /péstəsàid/	名 殺虫剤	▶p. 86	★★

41 ☐☐☐	**diversity** /divə́ːrsəti/	名 多様性、相違	▶p. 117	★
42 ☐☐☐	**rainforest** /réinfɔ̀ːrist/	名 熱帯雨林	▶p. 117	★
43 ☐☐☐	**vegetation** /vèdʒətéiʃən/	名 植生、植物、植物 の生育	▶p. 117	★
44 ☐☐☐	**stratum** /stréitəm/	名 層、地層、階層 複 strata	▶p. 117	★★
45 ☐☐☐	**seedling** /síːdliŋ/	名 苗木	▶p. 117	★★
46 ☐☐☐	**sapling** /sǽpliŋ/	名 若木、苗木	▶p. 117	★★
47 ☐☐☐	**canopy** /kǽnəpi/	名 林冠、天蓋のよう に覆うもの	▶p. 117	★★
48 ☐☐☐	**ecosystem** /ékousìstəm/	名 生態系	▶p. 117	★
49 ☐☐☐	**trait** /tréit/	名 特性、特徴、特色	▶p. 117	★
50 ☐☐☐	**lush** /lʌ́ʃ/	形 青々と茂った、豪華 な	▶p. 117	★

51	**exceptionally** /iksépʃənəli/	副 例外的に、特別に、並外れて	▶p. 117	★
52	**vine** /váin/	名 つる、つる植物	▶p. 117	★
53	**burgeon** /bə́:rdʒən/	動 急速に成長する、発芽する	▶p. 117	★★
54	**exposure** /ikspóuʒər/	名 露出、さらすこと、暴露	▶p. 117	★
55	**debris** /dəbrí:/	名 破片、がらくた	▶p. 118	★
56	**accumulate** /əkjú:mjulèit/	動 蓄積する、積もる、〜を積み上げる	▶p. 118	★
57	**compost** /kámpoust/	名 堆肥、培養土	▶p. 118	★★
58	**insectivore** /inséktəvɔ̀:r/	名 食虫動[植]物 形 insectivorous（食虫性の）	▶p. 118	★★★
59	**digestive** /daidʒéstiv/	形 消化の	▶p. 118	★
60	**dissolve** /dizálv/	動 溶ける、〜を溶かす	▶p. 118	★

61 ☐☐☐	**pollinate** /pálənèit/	動 ～に受粉する	▶ p. 118	★★
62 ☐☐☐	**disturbance** /distə́:rbəns/	名 乱すこと、攪乱(かくらん)	▶ p. 118	★
63 ☐☐☐	**regeneration** /ridʒènəréiʃən/	名 再生、復興	▶ p. 118	★★
64 ☐☐☐	**larva** /lá:rvə/	名 幼虫 複 larvae /lá:rvi:/	▶ p. 118	★★
65 ☐☐☐	**deforestation** /di:fɔ̀:ristéiʃən/	名 森林破壊、森林伐採	▶ p. 118	★
66 ☐☐☐	**stem from ～**	～から生じる、～に端を発する	▶ p. 118	★★
67 ☐☐☐	**thrive** /θráiv/	動 繁栄する、力強く成長する	▶ p. 119	★
68 ☐☐☐	**germinate** /dʒə́:rmənèit/	動 発芽する、成長し始める、（アイデアが）生まれる	▶ p. 119	★★
69 ☐☐☐	**nourish** /nə́:riʃ/	動 ～に滋養物を与える、～を養う	▶ p. 120	★
70 ☐☐☐	**evolve** /ivʌ́lv/	動 進化する、発達する、展開する	▶ p. 122	★

71 ☐☐☐	**exploration** /èkspləréiʃən/	名 探査、探検	▶ p. 123	★
72 ☐☐☐	**remainder** /riméindər/	名 残り、残余	▶ p. 123	★
73 ☐☐☐	**exponential** /èkspounénʃəl/	形 飛躍的な、急激に増える、指数関数的な	▶ p. 123	★★
74 ☐☐☐	**hindsight** /háindsàit/	名 後知恵、結果論	▶ p. 123	★★
75 ☐☐☐	**physicist** /fízəsist/	名 物理学者	▶ p. 123	★
76 ☐☐☐	**astronomer** /əstránəmər/	名 天文学者	▶ p. 123	★
77 ☐☐☐	**formulate** /fɔ́:rmjulèit/	動 ～を公式化する、～を考案する、～を系統立てて述べる	▶ p. 123	★
78 ☐☐☐	**orbit** /ɔ́:rbit/	動 軌道を描いて（周囲を）回る 名 軌道	▶ p. 123	★
79 ☐☐☐	**astronaut** /ǽstrənɔ̀:t/	名 宇宙飛行士	▶ p. 123	★
80 ☐☐☐	**asteroid** /ǽstərɔ̀id/	名 小惑星	▶ p. 123	★★

81 ☐☐☐	**solar system**	名 太陽系	▶p. 123	★
82 ☐☐☐	**forge** /fɔ́:rdʒ/	動 ～を築き上げる	▶p. 124	★★
83 ☐☐☐	**feasibility** /fì:zəbíliti/	名 実行の可能性	▶p. 124	★
84 ☐☐☐	**participant** /pɑːrtísəpənt/	名 関係者、参加者	▶p. 124	★
85 ☐☐☐	**settlement** /sétlmənt/	名 定住地、新開地、集落	▶p. 124	★
86 ☐☐☐	**Antarctic** /æntá:rktik/	名 (the ～で) 南極圏	▶p. 124	★
87 ☐☐☐	**abandon** /əbǽndən/	動 ～を断念する、～を捨てる	▶p. 124	★
88 ☐☐☐	**propulsion** /prəpʌ́lʃən/	名 推進力	▶p. 125	★★
89 ☐☐☐	**duplicate** /djú:pləkèit/	動 ～を複製する	▶p. 126	★
90 ☐☐☐	**consortium** /kənsɔ́:rʃiəm/	名 共同事業体、合併企業	▶p. 126	★★

91 ☐☐☐	**locomotive** /lòukəmóutiv/	名 機関車	▶p. 171	★
92 ☐☐☐	**pave the way**	道を開く	▶p. 171	★★
93 ☐☐☐	**pivotal** /pívətl/	形 極めて重要な、回転の軸となる、中枢の	▶p. 171	★★
94 ☐☐☐	**perish** /périʃ/	動 だめになる、消滅する、死ぬ	▶p. 171	★★
95 ☐☐☐	**financial return**	収益、財政的見返り	▶p. 171	★
96 ☐☐☐	**commonplace** /kámənplèis/	形 普通の、ありふれた、つまらない	▶p. 171	★
97 ☐☐☐	**inventory** /ínvəntɔ̀:ri/	名 在庫品（一覧）、目録	▶p. 172	★★
98 ☐☐☐	**stagnant** /stǽgnənt/	形 発達のない、停滞した	▶p. 172	★★
99 ☐☐☐	**harness** /há:rnis/	動 ～を利用する、～を役立てる	▶p. 172	★★
100 ☐☐☐	**fossil fuel**	化石燃料	▶p. 172	★

101 ☐☐☐	**unprecedented** /ʌnprésədentid/	形 前例のない	▶p. 172	★★
102 ☐☐☐	**coordinate** /kouɔ́ːrdənèit/	動 ～を調整する	▶p. 172	★
103 ☐☐☐	**pervasive** /pərvéisiv/	形 隅々まで広がった、普及性の	▶p. 173	★★
104 ☐☐☐	**anomaly** /ənáməli/	名 異例、例外、不調和	▶p. 183	★★
105 ☐☐☐	**versatility** /vɜ̀ːrsətíləti/	名 多用途性、多才	▶p. 183	★★
106 ☐☐☐	**spawn** /spɔ́ːn/	動 ～を発生させる、～を引き起こす、（卵）を生む	▶p. 183	★★
107 ☐☐☐	**interpret** /intə́ːrprit/	動 ～を解釈する、～を通訳する	▶p. 183	★
108 ☐☐☐	**verify** /vérəfài/	動 ～を（調査などで）確かめる、～を立証する	▶p. 184	★
109 ☐☐☐	**bid** /bíd/	動 入札する、値をつける	▶p. 184	★★
110 ☐☐☐	**correspondent** /kɔ̀ːrəspándənt/	名 連絡係、通信員、特派員	▶p. 184	★

111 ☐☐☐	**entail** /intéil/	動 ～を必然的に伴う	▶p. 189	★★
112 ☐☐☐	**vanishing point**	消失点、消滅点	▶p. 189	★★
113 ☐☐☐	**geometry** /dʒiámətri/	名 幾何学	▶p. 189	★
114 ☐☐☐	**rectangle** /réktæŋgl/	名 長方形、矩形	▶p. 189	★
115 ☐☐☐	**picture plane**	画面、投影面	▶p. 189	★
116 ☐☐☐	**hue** /hjú:/	名 色合い、色調、特色	▶p. 189	★★
117 ☐☐☐	**utilize** /jú:təlàiz/	動 ～を利用する	▶p. 190	★★
118 ☐☐☐	**disposable** /dispóuzəbl/	形 処分できる、使い捨ての	▶p. 190	★
119 ☐☐☐	**emergent** /imə́:rdʒənt/	形 新興の、新しく生まれた、不意の	▶p. 190	★★
120 ☐☐☐	**blur** /blə́:r/	動 ぼやける、かすむ、～をぼやけさせる	▶p. 190	★★

121 ☐☐☐	**implement** /ímpləmènt/	動 ～を実行する、～を履行する	▶ p. 144	★★
122 ☐☐☐	**imminent** /ímənənt/	形 切迫した	▶ p. 145	★
123 ☐☐☐	**plummet** /plʌ́mit/	動 急落する、まっすぐに落ちる	▶ p. 145	★★
124 ☐☐☐	**quota** /kwóutə/	名 取り分、分配量	▶ p. 145	★★
125 ☐☐☐	**microscopic** /màikrəskápik/	形 微小の、顕微鏡でしか見えない	▶ p. 203	★
126 ☐☐☐	**ubiquitous** /ju:bíkwətəs/	形 あちこちに現れる、遍在する	▶ p. 203	★
127 ☐☐☐	**aquatic** /əkwá:tik/	形 水生の、水の	▶ p. 203	★
128 ☐☐☐	**adverse** /ædvə́:rs/	形 不利な、不都合な、反対する、不運な	▶ p. 203	★
129 ☐☐☐	**migration** /maigréiʃən/	名 移住、移動、（鳥の）渡り	▶ p. 203	★
130 ☐☐☐	**staple diet**	主食	▶ p. 203	★

重要語句
150

131 □□□	**incomprehensible** /ìnkɑmprihénsəbl/	形 理解しがたい、不可解な、無限の	▶p. 207	★★
132 □□□	**autonomous** /ɔːtánəməs/	形 自律した、自治権のある	▶p. 207	★★
133 □□□	**phonetics** /fənétiks/	名 音声学	▶p. 207	★★
134 □□□	**articulatory** /ɑːrtíkjulətɔ̀ːri/	形 調音の、構音の	▶p. 207	★★★
135 □□□	**acoustic** /əkúːstik/	形 聴覚の、音響の	▶p. 207	★★
136 □□□	**auditory** /ɔ́ːditɔ̀ːri/	形 聴覚の	▶p. 207	★★
137 □□□	**stratify** /strǽtəfài/	動 ～を階層化する	▶p. 147	★★
138 □□□	**laypeople** /léipìːpl/	名 素人、門外漢	▶p. 147	★★
139 □□□	**caste** /kǽst/	名 カースト（制）、カースト的な社会	▶p. 147	★
140 □□□	**sterile** /stérəl/	形 不妊の、不毛の、無菌の	▶p. 147	★★

141 ☐☐☐	**predator** /prédətər/	名捕食者	▶p. 147	★★
142 ☐☐☐	**scavenger** /skǽvindʒər/	名腐食性動物、ごみあさりをする人	▶p. 147	★★
143 ☐☐☐	**differentiation** /dìfərènʃiéiʃən/	名区別、差別化	▶p. 147	★
144 ☐☐☐	**arduous** /ɑ́:rdʒuəs/	形骨の折れる、精力的な	▶p. 148	★★
145 ☐☐☐	**rubbish** /rʌ́biʃ/	名くず	▶p. 148	★
146 ☐☐☐	**mate** /méit/	動交尾する	▶p. 148	★
147 ☐☐☐	**solitary** /sɑ́lətèri/	形単独(行動)の、独居生の、孤独な	▶p. 212	★★
148 ☐☐☐	**interdependent** /ìntərdipéndənt/	形相互依存の	▶p. 212	★★
149 ☐☐☐	**offspring** /ɔ́:fsprìŋ/	名子、子孫	▶p. 212	★
150 ☐☐☐	**communal** /kəmjú:nəl/	形共同社会の、共有の	▶p. 213	★★

著者プロフィール

神部 孝 (かんべ たかし)

Yale University で MBA を取得。現在、かんべ英語塾主宰。TOEFL
をはじめ、TOEIC や英検などの指導に当たっている。主な著書に『改
訂版　完全攻略！ TOEFL ITP®テスト』『完全攻略！ 英検®2級』『完全
攻略！ 英検®準1級』(いずれもアルク刊)、『TOEFL® テスト英単語
3800』『TOEFL® テスト英熟語 700』(いずれも旺文社刊)などがある。

改訂版 完全攻略！ TOEFL iBT® テスト

発行日：2023年11月22日(初版)
　　　　2024年8月1日(第2刷)

著者：神部 孝

編集：株式会社アルク 文教編集部
校正：廣友詞子、Peter Branscombe、Margaret Stalker
デザイン：大村麻紀子
ナレーション：Katie Adler、Jack Merluzzi (改訂時収録分)
音楽制作：H. Akashi
録音・編集：株式会社メディアスタイリスト
DTP：株式会社秀文社
印刷・製本：萩原印刷株式会社

発行者：天野智之
発行所：株式会社アルク
〒141-0001 東京都品川区北品川6-7-29 ガーデンシティ品川御殿山
Website：https://www.alc.co.jp/

地球人ネットワークを創る

アルクのシンボル
「地球人マーク」です。